# 吳忠信日記

## （1934-1936）

The Diaries of Wu Chung-hsin, 1934-1936

# 民國日記｜總序

## 呂芳上
民國歷史文化學社社長

　　人是歷史的主體，人性是歷史的內涵。「人事有代謝，往來成古今」（孟浩然），瞭解活生生的「人」，才較能掌握歷史的真相；愈是貼近「人性」的思考，才愈能體會歷史的本質。近代歷史的特色之一是資料閎富而駁雜，由當事人主導、製作而形成的資料，以自傳、回憶錄、口述訪問、函札及日記最為重要，其中日記的完成最即時，描述較能顯現內在的幽微，最受史家重視。

　　日記本是個人記述每天所見聞、所感思、所作為有選擇的紀錄，雖不必能反映史事整體或各個部分的所有細節，但可以掌握史實發展的一定脈絡。尤其個人日記一方面透露個人單獨親歷之事，補足歷史原貌的闕漏；一方面個人隨時勢變化呈現出不同的心路歷程，對同一史事發為不同的看法和感受，往往會豐富了歷史內容。

　　中國從宋代以後，開始有更多的讀書人有寫日記的習慣，到近代更是蔚然成風，於是利用日記史料作歷

史研究成了近代史學的一大特色。本來不同的史料，各
有不同的性質，日記記述形式不一，有的像流水帳，有
的生動引人。日記的共同主要特質是自我（self）與私
密（privacy），史家是史事的「局外人」，不只注意史
實的追尋，更有興趣瞭解歷史如何被體驗和講述，這時
對「局內人」所思、所行的掌握和體會，日記便成了十
分關鍵的材料。傾聽歷史的聲音，重要的是能聽到「原
音」，而非「變音」，日記應屬原音，故價值高。1970
年代，在後現代理論影響下，檢驗史料的潛在偏見，成
為時尚。論者以為即使親筆日記、函札，亦不必全屬真
實。實者，日記記錄可能有偏差，一來自時代政治與社
會的制約和氛圍，有清一代文網太密，使讀書人有口難
言，或心中自我約束太過。顏李學派李塨死前日記每月
後書寫「小心翼翼，俱以終始」八字，心所謂為危，這
樣的日記記錄，難暢所欲言，可以想見。二來自人性的
弱點，除了「記主」可能自我「美化拔高」之外，主
觀、偏私、急功好利、現實等，有意無心的記述或失
實、或迴避，例如「胡適日記」於關鍵時刻，不無避實
就虛，語焉不詳之處；「閻錫山日記」滿口禮義道德，
使用價值略幾近於零，難免令人失望。三來自旁人過度
用心的整理、剪裁、甚至「消音」，如「陳誠日記」、
「胡宗南日記」，均不免有斧鑿痕跡，不論立意多麼良
善，都會是史學研究上難以彌補的損失。史料之於歷史
研究，一如「盡信書不如無書」的話語，對證、勘比是
個基本功。或謂使用材料多方查證，有如老吏斷獄、
法官斷案，取證求其多，追根究柢求其細，庶幾還原

案貌，以證據下法理註腳，盡力讓歷史真相水落可石出。是故不同史料對同一史事，記述會有異同，同者互證，異者互勘，於是能逼近史實。而勘比、互證之中，以日記比證日記，或以他人日記，證人物所思所行，亦不失為一良法。

從日記的內容、特質看，研究日記的學者鄒振環，曾將日記概分為記事備忘、工作、學術考據、宗教人生、游歷探險、使行、志感抒情、文藝、戰難、科學、家庭婦女、學生、囚亡、外人在華日記等十四種。事實上，多半的日記是複合型的，柳貽徵說：「國史有日歷，私家有日記，一也。日歷詳一國之事，舉其大而略其細；日記則洪纖必包，無定格，而一身、一家、一地、一國之真史具焉，讀之視日歷有味，且有補於史學。」近代人物如胡適、吳宓、顧頡剛的大部頭日記，大約可被歸為「學人日記」，余英時翻讀《顧頡剛日記》後說，藉日記以窺測顧的內心世界，發現其事業心竟在求知慾上，1930年代後，顧更接近的是流轉於學、政、商三界的「社會活動家」，在謹厚恂恂君子後邊，還擁有激盪以至浪漫的情感世界。於是活生生多面向的人，因此呈現出來，日記的作用可見。

晚清民國，相對於昔時，是日記留存、出版較多的時期，這可能與識字率提升、媒體、出版事業發達相關。過去日記的面世，撰著人多半是時代舞台上的要角，他們的言行、舉動，動見觀瞻，當然不容小覷。但，相對的芸芸眾生，識字或不識字的「小人物」們，在正史中往往是無名英雄，甚至於是「失蹤者」，他們

如何參與近代國家的構建，如何共同締造新社會，不應
該被埋沒、被忽略。近代中國中西交會、內外戰事頻
仍，傳統走向現代，社會矛盾叢生，如何豐富歷史內
涵，需要傾聽社會各階層的「原聲」來補足，更寬闊的
歷史視野，需要眾人的紀錄來拓展。開放檔案，公布公
家、私人資料，這是近代史學界的迫切期待，也是「民
國歷史文化學社」大力倡議出版日記叢書的緣由。

# 導言

王文隆
南開大學歷史學院副教授

## 一、吳忠信生平

　　吳忠信（1884-1959），字禮卿，一字守堅，別號恕庵，安徽合肥人。1900年八國聯軍攻陷北京，光緒帝與慈禧太后西逃，鑑於國難而前往江寧（南京）進入江南將弁學堂，時年僅十七。1905年夏天畢業後，奉派前往鎮江辦理徵兵，旋受命為陸軍第九鎮第三十五標第三營管帶，開始行伍生涯。隔年經楊卓林介紹，秘密加入同盟會。1911年武昌起義，全國響應。林述慶光復鎮江，自立為都督，任吳忠信為軍務部部長，後改委為江浙滬聯軍總司令部總執行法官兼兵站總監。

　　1912年元旦，孫中山就任中華民國臨時大總統，奠都南京，吳忠信任首都警察總監。孫中山辭職後，吳忠信轉至上海《民立報》供職，二次革命討袁時復任首都警察總監，失敗後亡命日本，加入孫中山重建的中華革命黨。並於1915年，在陳其美（字英士）帶領下，與蔣中正同往上海法國租界參預討袁戎機，奠下與蔣中正的深厚情誼。1917年，孫中山南下護法組織軍政府，吳忠信奉召前往擔任作戰科參謀，襄助作戰科主任蔣中正，兩人合作關係益臻緊密。爾後，吳忠信陸續擔任粵軍第二軍總指揮、桂林衛戍司令等職。1922年，

吳忠信作為孫中山的全權代表之一員，與段祺瑞、張作霖共商三方合作事宜。同年 4 月前往上海時，因腸胃病發作，辭去軍職，卜居蘇州。爾後數年皆以身體不適為辭，在家休養，與好友羅良鑑（字偌子）等人研究諸子百家。

1926 年 7 月，蔣中正就任國民革命軍總司令，誓師北伐，同年 11 月克復南昌後，邀請吳忠信出任總司令部顧問，其後歷任江蘇省政府委員、淞滬警察廳廳長、建設委員會委員、河北編遣委員會主任委員等職。1929 年，因國家需要建設，前往歐美考察十個月。1931 年 2 月奉派為導淮委員會委員，同月監察院成立，又任監察委員。1932 年 3 月受任為安徽省政府主席，次年 5 月辭職獲准後，轉任軍事委員會南昌行營總參議。1935 年 4 月擔任貴州省政府主席，次年 4 月因胃腸病復發加以兩廣事變，呈請辭職，奉調為蒙藏委員會委員長。自此主掌邊政八年，期間曾親赴西藏主持達賴喇嘛坐床、前往蘭州致祭成吉思汗陵，並視察寧夏、青海及新疆等邊疆各地。1944 年 9 月調任新疆省政府主席兼保安司令，對內以綏撫為主，對外應付蘇聯及三區（伊犁、塔城、阿山）革命問題，1946 年 3 月辭任後，任國民政府委員，並當選第一屆國民大會代表。

1948 年 4 月，蔣中正當選行憲後第一任中華民國總統，敦聘吳忠信為總統府資政，復於該年年底委為總統府秘書長。1949 年 1 月 21 日蔣中正引退後，吳忠信堅辭秘書長職務，僅保留資政一職。上海易手之前，吳忠信舉家遷往台灣，被推為中國國民黨中央非常委員會

委員，並任中國銀行董事、中央銀行常務理事。1953
年7月起，擔任中央紀律委員會主任委員。1959年10
月，吳忠信腹瀉不止，誤以為腸胃痼疾發作，未加重
視。不久病情加劇，乃送至榮民總醫院，診療結果為肝
硬化，醫藥罔效，於該年12月16日辭世。

## 二、《吳忠信日記》的史料價值

吳忠信自1926年任國民革命軍總司令部顧問時開
始撰寫日記，至1959年辭世前為止，共有34年的日
記。其中1937、1938年日記存藏於香港，1941年年
底日軍佔領香港時未及攜出而焚毀，因而有兩年闕佚
（1942.3.15《吳忠信日記》）。

《吳忠信日記》部分內容，例如《西藏紀遊》、
《西藏紀要》以及《吳忠信主新日記》曾先後出版，披
露其在1933年經英印入藏辦理達賴喇嘛坐床大典以及
1944年出任新疆省政府主席之過程，其餘日記內容大
多未經公開。現在透過民國歷史文化學社的努力，將該
批日記現存部分，重新打字、校訂出版，以饗學界。這
批日記的出版，足以開拓民國史研究的新視角。

### （一）蔣吳情誼

蔣中正與吳忠信的情誼在日記中處處可見。除眾所
周知的託其就近關照蔣緯國及姚冶誠一事外，蔣中正派
任吳忠信為地方首長的背後，也有藉信賴之人，安頓地
方、居間調處的考量。如吳忠信於1935年4月派為貴
州省政府主席，原以江南為實力基礎的南京國民政府，
得以將其力量延伸入西南，在當地推展教育與交通等基

礎建設，並透過吳忠信居間溝通協調南京與桂系關係，從日記中經常記述與桂系來人談話可見一斑。而陳誠此時以追剿為名，率中央軍進入貴州，在吳忠信與陳誠兩人通力合作之下，加強中央對貴州的掌控，為未來抗戰的後方準備奠立基礎。又如吳忠信於抗戰末期接掌新疆省務，以中央委派之姿取代盛世才為新疆省政府主席，一改「新疆王」盛世才當政時的高壓政策，採取懷柔態度，釋放羈押的漢、維人士，並派員宣撫南疆，圖使新疆親近中央，這都得是在蔣中正對吳忠信的高度信任下，才能主導的。當蔣中正於 1949 年 1 月下野，李宗仁代總統時，吳忠信居間穿梭蔣中正、李宗仁二人之間，由是可見吳忠信在二人心中的特殊地位。直至蔣中正於 1950 年 3 月 1 日「復行視事」，每個布局幾乎都有吳忠信的角色存在。

（二）蒙藏邊政

　　吳忠信長年擔任蒙藏委員會主任委員，關於邊疆問題的觀點與處置，也是《吳忠信日記》極具參考價值的部分。吳忠信掌理蒙藏委員會，恰於全面抗戰爆發前至抗戰末期，在邊政的處置上，期盼蒙、藏、維等邊疆少數民族能在日敵當前的情況下，親近中央、維持穩定。針對蒙藏，吳忠信各有安排，如將蒙古族珍視的成吉思汗陵墓遷移蘭州，以免日敵利用此一象徵的用心。對於藏政，則透過協助班禪移靈回藏（1937 年）、達賴坐床大典（1940 年 2 月）等重要活動，維護中央權威，避免西藏藉英國支持而逐漸脫離中央掌控。1940 年 5 月於拉薩設置蒙藏委員會駐藏辦事處是最成功的宣示，

力採「團結蒙古、安定西藏」的策略，穩定邊陲。吳忠信親身參與、接觸的人面廣泛，對於邊事的觀察與品評，值得讀者深思推敲。

（三）貫穿民國史的觀察

　　長達 34 年的《吳忠信日記》，貫穿了國民政府自北伐統一、訓政建國、抗日戰爭到國共內戰，以及政府遷台初期的幾個重要階段。透過吳忠信得以貼近觀察各階段的施政重心與處置辦法，以個人史或是生活史的角度，觀察黨政要員在這些動盪之中的處境、心境與動態。更能搭配其他同樣經歷人士的紀錄，相互佐證。

## 三、日記所見的個人特質

　　日記撰述，能見記主公私生活，從中探知其性格與思維，就日記的內容來分析，或許能得知吳忠信的個人特質。

（一）愛家重情

　　吳忠信的愛家與重情，有兩個層面，一是對於家族的關懷，一是對於鄉誼、政誼的看重。家人一直都是他的牽絆與記掛，他與正室王惟仁於 1906 年結婚，卻膝下無子。在惟仁的寬宏下，年四十迎娶側室湘君，1926 年初得長女馴叔，嘗到為人父的喜悅。爾後湘君又生長子申叔，使得吳家有後，但沒過多久，湘君竟因肺炎撒手人寰，年方二十五，使得吳忠信數日皆傷心欲絕，在日記中曾寫道：「自伊去後，時刻難忘。每一念及，不知所從。」（1932.12.31《吳忠信日記》）爾後吳忠信經常前往湘君墳上流連，一解思念之情。湘君故後，吳

忠信又迎娶麗君（後改名麗安），生了庸叔、光叔兩
子。不過吳忠信與麗安感情不睦，經常爭執，在日記中
多次記下此事的煩擾。吳忠信重視子女教育，抗戰勝利
後，馴叔赴美求學，嫁給同樣赴美、專攻數量經濟學的
林少宮，生下了外孫，讓吳忠信相當高興。1954 年，
或因聽聞林少宮將攜家帶眷離美赴大陸，吳忠信並不贊
成，不斷去函馴叔勸其留在美國，如果一定要離開，也
務必來台。同年 8 月 6 日，吳忠信獲悉馴叔一家已經離
開美國，不知所蹤，從此以後，日記鮮少提到這個疼愛
的女兒。這一年年末在日記的總結寫道：「最煩神是
子女問題，尤其家事真是一言難盡。」表現出心中的
苦悶。

　　吳忠信相當看重安徽同鄉，安徽從政前輩中最敬重
的要屬北京政府國務總理段祺瑞，兩人政治立場並不相
容，但鄉誼仍重。吳忠信自段祺瑞移居上海後，經常從
蘇州前往探望，段祺瑞身故時，也親往弔祭。對於同
鄉後進，無論是在政界或是學界，多所關照，願意接
見、培養或是推介，因此深為鄉里所敬重。如 1939 年
在段祺瑞女婿奚東曙的引介下，會晤出身安徽舒城的孫
立人，在當天的日記中寫道：「〔孫立人〕清華大學畢
業後，赴美國學陸軍，八一三上海抗日之後，身負重
傷，勇敢可佩。此人頭腦清楚，知識豐富，本省後起之
秀。」（1939.9.28《吳忠信日記》）頗為欣賞。或許是
命運的作弄，當 1955 年爆發郭廷亮匪諜案時，吳忠信
恰為九人調查委員會的一員，於公不能不辦，但於私仍
同情孫立人的處境，認為他「一生戎馬，功在黨國，得

此結果，內心之苦痛，可以想見，我亦不願多言，是非曲直留待歷史批評」。

吳忠信同樣在乎的還有政誼，盡力多方關照共事的同事。如羅良鑑不僅是他生活的良伴，也是與他同任安徽省政府委員的至交，兩人都在蘇州購地造園，經常往來。爾後，吳忠信主政安徽省、貴州省與蒙藏委員會時，羅良鑑都是他的左右手，離任蒙藏委員會時，更推薦羅良鑑繼任。1948 年 12 月 21 日，羅良鑑夫婦自上海前往香港，飛機失事罹難，隔年骨灰歸葬蘇州。吳忠信在蔣、李兩方居間穿梭繁忙之際，特地回到蘇州參加喪禮，深為數十年好友之失而悲痛，可看出吳忠信個人重情、真誠的一面。

（二）做人做事有志氣有宗旨

吳忠信曾經在 1939 年元旦的自勉中，自述「余以為做人做事，必有志氣，有宗旨，然後盡力以赴，始可有成。」另亦述及「自入同盟會、中華革命黨而迄于今，未敢稍渝此旨。至以處人論，則一秉真誠，不事欺飾，對於人我分際之間，亦嘗三致意焉。」這是他向來自持的。就與蔣中正的關係而論，自詡亦掌握此一原則，他在同日又記下：「余與蔣相處，民十五後可分三個階段，由十六年起至十八春出洋止，以革命黨同志精神處之；由十九年遊歐美歸國起至二十一年任安徽省主席以前止，則以朋友方式處之；由安徽主席起以至于今，則以部屬方式處之。比年服務中樞，余于本身職掌外，少所建議，于少數交遊外，少所往還，良以分際既殊，其相處之標準，不可不因之而異也。余在過去十二

年來，因持有上述之宗旨與標準，故對國事，如在滬、
在平、在皖、在黔及目前之在蒙藏委員會，均能振刷調
整，略有建樹，絲毫未之貽誤；對友人如過去之與蔣，
雖交誼深厚，然他人則與之誤會叢生，而余仍能保持此
種良好關係，感情日有增進，而毫無芥蒂。……即無論
國家之情勢若何，當一本過去，對國竭其忠、對友竭其
力，如此而已。概括言之：即「救國」、「助友」兩大
方針是也。」

由此可知，在吳忠信待人之原則，必先確認兩人之
關係，進而以身分為斷，調整相待之禮。他長時間服務
公職，練就出一套為公不私的原則，經常在日記中自記
用人、薦人之大公無私，此亦為其「救國」、「助友」
之顯現，常以「天理、國法、人情」與來者共勉。

## 四、結語

吳忠信於公歷任軍政要職，於私是家族中的支柱。
公私奔忙之餘，園藝之樂，或許才是他的最愛。他常在
一手規劃的蘇州庭園裡，親自修剪、堊土，手植的紫
藤、楓樹、柳樹、紅梅、白梅等在園中，隨著季節的
變化而映放姿彩，園林美景是他內心的慰藉。吳忠信
1949 年回蘇州參加羅良鑑夫婦葬禮後，短暫地回到自
宅園林，感嘆地寫道：「園中紅梅業已開散，白梅尚在
開放，香味怡人。果能時局平定，余能常住此園以養殘
年，余願足矣。」（1949.2.21《吳忠信日記》）可惜，
這是他最後一次回到蘇州，之後再無重返機會，願與
天違。

　　這份與民國史事有補闕作用的《吳忠信日記》並非全出於其個人手筆，部分內容為下屬或親屬經其口述謄寫而成。1940年，他就提到：「余自入藏以來，身體時常不適，且事務紛繁，日記不時中斷，故託纕蘅兄代記，國書姪代繕。」（1940.1.23《吳忠信日記》）且在記述中，也有於當日日記之末，囑咐某一段落應增添某公文，或是某電文的文字，或可見其在撰述日記之時，便有日後公諸於世的預想。或許是如此，吳忠信在撰寫日記時，不乏為自己的行動辯白，或是對他人、事件之品評有所保留的情況，此或許是利用此份日記時須加以留意的地方。

# 編輯凡例

一、 本社出版吳忠信日記，起自 1926 年，終至 1959
年，共 34 年。其中 1926 年日記為當年簡記，兼
錄 1951 年補述版本；1937 年至 1938 年於太平洋
戰爭爆發後，其家人逃離香港時焚毀，僅有補述
版本。

二、 古字、罕用字、簡字、通同字，在不影響文意
下，改以現行字標示。

三、 日記中原留空白部分，以□表示；難以辨識字
體，以■表示。編註以【 】標示。

四、 吳忠信於書寫時，人名、地名、譯名多有使用同
音異字、近音字，恕不一一標註、修改。但有少
數人名不屬此類，為當事人改名者，如麗君改名
麗安、曾小魯改名曾少魯等情形，特此說明。

# 目錄

# 1934 年（民國 23 年）　51 歲

## 1 月 1 日　星期一

上午八時半乘汽車，由浦城行經仙陽過大竿嶺、畢嶺至江山二十八都，再越仙霞嶺至江山縣。按步行■取道仙嶺之最高峰，車行儘須經過仙嶺之尾峰，然亦甚高峻，車輛盤旋上下約卅分鐘。當入仙嶺界，但見山崖對立，下臨深谷或叢林中直上，但見茫茫天色，無窮無盡。至下午四時到衢縣，隨在飯館便飯。改乘杭江鐵路，午後六時第一次客車通車，又係元旦日，適逢斯會，大可記念。

## 1 月 2 日　星期二

昨夜甚寒，車行極緩，且無燈火，籌備欠周，皆因初次通車。本定早六時到杭，延至九時半始到錢塘江邊車站，過江至南星橋待車，趁一時四十分車回滬，仍住吳少祐家。晚七時訪張伯璇，隨致電李德鄰，並介兄親筆函交張轉交德鄰。九時到朱子謙家。

## 1 月 3 日　星期三

清晨訪張靜江、李石曾。今晨惟仁、冶誠由寧波回滬，住朱家，隨到朱家看他們。午後一時再訪張伯璇，趁午後三時車回蘇，車中遇緯國等。蘇車站住兵因檢查行李，與蔣緯國發生誤會，兵士舉動非禮，隨請叔仁往晤公安局長轉告住兵長官注意。又往訪孫希文，因蔣約伊赴前方。

## 1月4日　星期四

曹纕蘅清晨到蘇。午後赴申。孫希文、光明甫來談，孫今日赴杭轉往浦城。林德卿由南昌到蘇，午後赴滬轉往廈門。凌毅然偕公安局長沈高塵來談昨晚車站檢查行李誤會事。沈又偕住兵團長李岑來見，李對檢查兵對緯國非禮表示歉忱，因該檢查兵入伍未久。

## 1月5日　星期五

劉石菴由滬來，午飯後趁車赴京轉回安慶。偕三先生樂群沐浴。

## 1月6日　星期六

午後三時，元生公司開會討論改革事宜，該湖田自十四年開辦以來，至今年始有結果，隨約股東李瑞安等回自由農場晚飯。惟仁今晨返滬。

## 1月7日　星期日

元龍由滬來蘇，轉宋子文意，約我見面。小魯由京來蘇。何亞龍午後來談，伊代表黃膺白赴日接洽，新由日本歸來，據云華北未可樂觀。留何晚飯，又中央軍克延平。

## 1月8日　星期一

亞威約午飯。連日傷風，身體頗不適。

## 1 月 9 日　星期二

昨夜稍發寒熱。中央軍與十九路軍連日在古田激戰。

## 1 月 10 日　星期三

未出門。

## 1 月 11 日　星期四

午十二時四十分車，偕元龍兄赴滬，此行係應宋子文之約，二點十分到，仍住吳少祐家。五時晤張伯璇，據云德鄰尚無復電，再電詢問。六時半訪子文，痛論時局之危急，均主團結內部。又往訪宋之秘書胡君。

## 1 月 12 日　星期五

九時訪陳光甫，並遇楊敦甫，又到商務印書館定東方雜誌。亨大利修表。宋子文請午飯。乘午後三時車回蘇，車中遇舒石父、華祝三等。馴兒打預防針反應，請龐新聲診治，並看余之傷風。又小魯、叔仁今日回京。

## 1 月 13 日　星期六

未出門。午後孫希文來談。介兄來電詢問對桂進行如何，當即函張伯璇催促。中央軍與十九路軍在古田及福州附近激戰。

## 1 月 14 日　星期日

上午到蔣家談緯國本年暑暇進大學事。中央軍克福州，十九路軍退漳、泉。值此赤焰囂張，商賈破產、工

農失業，賦稅繁興，不逞者思乘機而動。且外患日亟，華北停戰以來，平津已為日本所控制，真可謂危機遍地，險象環生矣。甚願當局認識閩變之教訓，改絃易轍，速救危亡。

## 1月15日　星期一

趁十二時四十五分車，赴滬住揚子飯店，約少祐談話。

## 1月16日　星期二

到少祐家午飯。午後訪張伯璇談蔣桂合作事。晚間約少祐友人趙君陶陶酒家晚飯。

## 1月17日　星期三

午前移少祐家住。等桂方回話。午後偕少祐訪趙君。

## 1月18日　星期四

晚間訪張靜江。

## 1月19日　星期五

未出門。午後張伯璇來談。德鄰回電，不得要領。

## 1月20日　星期六

乘上午八時車回蘇。纕蘅晚車到蘇。

## 1 月 21 日　　星期日

午十二時卅分車赴滬，住少祐家，車中遇曹亞伯等。光庚晚車來滬。

## 1 月 22 日　　星期一

上午到中國飯店。午後一時會王又庸，伊由廣西回，談連桂事仍無結果。二時桂省主席黃旭初偕溫翹生、陳紹先來訪，談時局無具體辦法。黃夜赴南京出席四中全會。佶子到滬，約明湖春晚飯。十時沐浴。

## 1 月 23 日　　星期二

上午訪黃建平，伊由北平回，擬日內回桂，託向桂方進言。總希大局轉危為安，現在思想混亂，政治不定，經濟搖動，隨時可以發變化。余惟有本公平無私之精神，求和平統一安定大局。午後三時車，偕佶子回蘇。

## 1 月 24 日　　星期三

上午回拜前江蘇財廳長舒石父，又凌毅然。

## 1 月 25 日　　星期四

三先生偕倪世雄夜車來蘇。倪現任蕪湖女中校長，辦理成績極佳，因有人運動伊位置，託余設法，即致函皖當局予以維特。倪午車回蕪。

## 1月26日　星期五

偕子早車赴京晤蔣。光庚赴滬送信與王中漢轉交笠夫。近年來，人民受天災人禍，苦不堪言。而農民更受多層壓迫，上面有土豪劣紳，又上面有貪官污吏，再上面有軍閥政客，更上面有帝國主義者。在都市保護比較周密，生命比較安全，至于在內地，農民真是孤苦無告，只有任一切階級宰割。到了戰事發生，更是被犧牲的羔羊。

## 1月27日　星期六

午後偕叔仁、偕子、光庚樂群沐浴。張伯璇來函，桂主席黃旭初將到滬轉輪回桂，約余到滬晤談，擬明日前往。

## 1月28日　星期日

十二時四十分車赴滬，仍住少祐家。午後四時訪張伯璇，並晤陳劭先。晚九時偕少祐夫婦卡爾登看電影。

## 1月29日　星期一

少祐請某英人及伯璇午飯，余作陪。午後到申報館買地圖，永安公司買零物，又到上海銀行晤楊敦甫。

## 1月30日　星期二

專待黃旭初到滬晤面。上午未出門。午後偕少祐遊覽市中心區，並參觀市新政府。

## 1月31日　星期三

　　上午未出門。午後訪張伯璇。

　　年來各省多受匪共擾亂及當地雜色軍隊蹂躪，民生凋敝，幾于遍地瘡痍。目下第一要著，係在恢復社會秩序，維持地方治安，使人民安居樂業，漸次開發交通，振興生產，整理財政，當不難次第就緒。

## 2月1日　星期四

午後偕少祐夫婦看電影。新新公司買牛肉汁。

## 2月2日　星期五

在朱子謙晚飯，並在朱家接見黃旭初，談一小時半。黃甚贊成余對時局之主張。

## 2月3日　星期六

上午八時車返蘇，朱佛庭同車。午後到羅家。晚間亞威來談。

## 2月4日　星期日

上午少祐來蘇。季文來電，贊成余大局主張。華祝三嫁女，余親往慶賀。吳仲言、許伯明、陳靄士、舒石父午後來訪，吳、許、陳均于滿清時代任余學堂教師。午後四時，麗君愛弟沈兆麟第一次來見。此人極忠厚，不多言，現在蘇高中三年級，讀書成績頗佳，本年暑暇畢業入大學。

## 2月5日　星期一

偕三先生于上午十時到安樂園看湘君墓上樹木。午後樂群沐浴。華祝三先生來謝步，留晚飯，並與華大談佛學。

## 2月6日　星期二

三先生回南京。午後謝炎煊來談。

## 2月7日　星期三

　　未出門。朱孔揚來函，蔣先生送洋三千元，係為過舊年之用。

## 2月8日　星期四

　　未出門，在家看書。國際形勢日益嚴重，蓋日英之商務戰、日美之軍備戰，日俄之思想戰，皆為不能解決之問題，而最近似尖銳加甚。中國內政不定，紛亂不已，一但國際戰事發生，正不知何以應對也。

## 2月9日　星期五

　　何亞龍與亞威、佶子來談，並留午飯。梅佛安日前交代蕪湖公安局，午後來謁，伊任該局計十八個月，尚無過錯。

## 2月10日　星期六

　　未出門。夜十一時曹纕衡兄到蘇。張文白由福州參加討逆回京，帶送福漆佛像一尊，此件由曹帶來。

## 2月11日　星期日

　　清晨與佶子、纕衡談話。佶子約晚飯。

## 2月12日　星期一

　　纕蘅早車回京。午後到護龍街參觀舊物，其價較往年格外便易，且甚少人購買，皆因社會不景氣。又到觀前遊覽。

## 2月13日　星期二

清晨到闊家頭巷新園，植梅花五株。往訪何肯蒸、梅佛安、楊譜笙諸君。本日舊曆大除夕，蔣太太請惟仁、麗君、馴叔及余等吃年夜飯。

## 2月14日　星期三

上午到何亞龍、曾影毫、凌毅然、謝炎煊家拜年。午後何亞龍偕張大千來訪，張係名畫家，又偕何等到羅家、張亞威家。舊習慣不易除去，比此拜年及放炮燭仍如故也。又萬云階夫婦、楊譜笙夫婦、謝炎煊夫婦均來拜年。

## 2月15日　星期四

祝芝珊夫婦、亞威婦夫及蔣夫人母子及張錫卿、劉云卿上午來拜年。午後偕惟仁到芝珊、錫卿家拜年，又回看劉云卿。擬明赴無錫看梅花。

## 2月16日　星期五

偕蔣緯國、竺佩風趁上午九時五十分車赴無錫，吳和生兄到車站歡迎，隨到和生家午飯。午後偕和生等遊覽蠡園、梅園、惠泉山、無錫公園。春光明媚，梅花盛開，益使遊人心忻神怡。乘午後六時卅分車，七時半至蘇，到蔣家晚飯。適惟仁與竺芝珊、張家瑞、蔣夫人四人竹敘。上午在車中遇陸福庭。

## 2 月 17 日　星期六

上午到伍克家、顏芝卿家拜年。張矯丞來訪。午後六時曹纕蘅由滬來。

## 2 月 18 日　星期日

上午到彭丙一、張矯丞、張叔怡家，又訪張大千君。偕子約午飯。曹纕蘅午後回京。張國書由滬來，伊肺病將愈。余此次接濟醫藥費約千元，因此子性質純正，前途尚有希望也。

## 2 月 19 日　星期一

偕張國書趁午十二時半車赴滬，少祐偕趙四小姐到車站迎接。趙出身湖州名門，為社會環境所誤，走入迷路，深為可惜。午後四時，到應公館拜年。晚間仍宿少祐家。

## 2 月 20 日　星期二

午前晤黃建平，談蔣桂合作事，仍無接果。午後在中國飯店晤伯璇。晚間再與黃談。

## 2 月 21 日　星期三

乘上午八時車回蘇。叔仁午後由京來蘇。

## 2 月 22 日　星期四

到羅家。王葆齋來談。

## 2月23日　星期五

曹亞白來看梅花。

## 2月24日　星期六

李思廣、曹纕蘅來蘇，均住宿余家。

## 2月25日　星期日

羅家午飯。安徽高等法院長陳福民來訪。

## 2月26日　星期一

纕蘅回京。上午偕李思廣到張亞威家，並看亞威烏鴉場地皮。

## 2月27日　星期二

上午偕李思廣及麗君到安樂園謁湘君墓，由該園步行至盤門，乘馬車遊覽虎丘、留園、西園。午後一時錢萬年橋惟盈旅館午飯，思廣乘午後三時車返滬。余與麗君由閶門步行，經觀前回家。

## 2月28日　星期三

午後偕佶子樂群沐浴。到影毫家看梅花。

近日思及人生作事觀念，似不外乎下列之公例，如事實、理論、利害、感情、環境、道德、法律、敷衍，凡辦一件事，只須將上列題目認清，即勇往做去，不可多所沾徇。余生平所偏重者，惟事實與感情，雖有時以此見重于人，而每每吃虧者，亦以此也。

## 3月1日　星期四

溥儀稱滿洲皇帝，國號康德，以鄭孝胥為國務總理，日本日首先承認。

## 3月2日　星期五

上午佛安、芝卿、叔仁、靖侯、肯孫同去看孔副司巷陳家房屋。午後偕惟仁、叔仁、馴叔到闊家頭巷看新園，並到何肯蓀家，又到蔣家，即在蔣家晚飯。又殷紹臣來，為伊弟謀事，託余代為介紹。

## 3月3日　星期六

李思廣、周佛海來訪，伊二人來看盤門地皮，擬造屋居住。偌子、伊二人及余及影毫自由農場午飯，飯後偕伊等遊公園。李、周乘下午四時四十分車赴滬。余偕影毫、偌子樂群沐浴。

## 3月4日　星期日

移植樹木。桂方住滬代表，約余赴滬。余因彼對時局無具體辦法，故請叔仁乘午四時車赴滬，先與彼等見面。

## 3月5日　星期一

上午在本園種雪松（又名喜馬拉松）四株，每株十元，計四拾元，又種桂花、綠梅等。影毫、肯蓀、偌子並幫同種植。近日天氣清和，栽花種樹，身心均安，當能終老于此，余願足矣。

### 3月6日　星期二

叔仁由滬回蘇。張伯璇、黃建平由滬來訪，同遊羅園、曾園。張等此來，因德鄰近又來電邀我赴桂，彼等特來催促我。因桂方仍無具體辦法，未便前往，否則徒說空話，公私無益。張、黃晚十時廿分車回滬，叔仁送伊等到車站。

### 3月7日　星期三

買闊家頭巷陳姓地皮計一畝二分多，實洋二千二百元。係由顏芝卿、何肯孫介紹的。

### 3月8日　星期四

李思廣、冷禦秋來蘇，午後在余家約同佶子、影毫、亞威，討論黃蘆鎮湖田事宜，多數主張添招新股。冷晚宿余家。

### 3月9日　星期五

偕冷禦秋、李思廣、羅佶子、張亞威、曾影毫自由農場午飯。冷、李等均係元生湖田公司股東，飯後開股東會議，決定增加資本。又到樂群沐浴。三先生回南京。

### 3月10日　星期六

張文白偕其子女來蘇遊覽，余於午十二時到車站招待。同到自由農場午飯，遊羅園，又同至闊家頭巷看地皮，張等本晚宿余家。冷禦秋午後四時車回鎮江，送伊

白皮松一株。

## 3 月 11 日　星期日

張文白趁上午九時五十分車回南京，親送車站。楊
譜笙偕狄膺來訪，留午飯。

## 3 月 12 日　星期一

曹纕蘅、曾筱魯清晨由滬來蘇。曹午後赴南京。

## 3 月 13 日　星期二

陸福廷清晨來，送山東月季廿株、牡丹十株。

凡從事職業者，應該從遠處著想，低處著手。依照
自卑而高的途徑，萬不可妄存奢望，斤斤于目前的待遇
和酬報也。

## 3 月 14 日　星期三

偕亞威、筱魯到閶門外張姓園看梅花。惟盈旅館午
飯。乘十二時四十五分車赴滬，仍住少祜家。午後六時
在中國飯店與張伯璇、黃建平見面，張約在梅園晚飯。

## 3 月 15 日　星期四

清晨訪黃建平，又葉元龍來。飯後偕元龍到中國飯
店，又上午到永安公園買台燈。午後仍與伯璇、建平
在中國飯店談話，對于大局和平辦法仍無結果。梅園
晚飯。

## 3月16日　星期五

乘上午八時車回蘇，車中遇張靜江。午後曾小魯回京。現在政治不上軌道，工商業的不景氣，農村經濟破產。我們決不可因而消極悲觀，應該改造環境，毋令環境支配我們。怨嗟嘆息，呻吟啜泣，是弱者最蠢劣表現，惟一出路，只是勉力憤鬥。

## 3月17日　星期六

午後到曾園看梅花，朱園購三藩及雨葉梅。葉元龍來蘇。顏芝卿請吃晚飯，有偌子、譜笙、佛菴、影毫、元龍、緯國諸君在坐。

## 3月18日　星期日

王揖唐夫婦及曹纕蘅昨晚到蘇，住花園飯店。今晨來訪，留午飯。午後王回崑山，曹回京。又晨八時喬萬選君來訪，係由元龍介紹。喬君，山西人，美國留學，專學政治法律，現任上海第一特區法院推事。

## 3月19日　星期一

上午植樹。偌子家午飯。葉元龍午後回京。凡處事接物，應除去自私自利之心，將家庭觀念擴充到社會與民族國家。

## 3月20日　星期二

吳少祐由滬來蘇，留午飯，午後回滬。高季堂來蘇。

## 3 月 21 日至 24 日　星期三至六
【缺】

## 3 月 25 日　星期日

文學家陳石遺先生來訪，陳先生係閩侯人，現年七十九歲。元龍、纕蘅午後回京。到蔣家晚飯，研究緯國讀書事宜。

## 3 月 26 日　星期一

午後謝炎煊、譚署卿帶陳國華及其子來見。陳係福建民軍出身，曾于民國八、九年隨余轉戰閩、粵、桂，極為忠實。自余民十下野後，不見面已十有二年矣。此次來蘇遊覽，並擬赴南京觀光。

## 3 月 27 日　星期二

請陳國華父子午飯。少祐來蘇，隨即返滬。

## 3 月 28 日　星期三

今日乃湘君故後兩週記念，特請和尚頌經。光陰如流，回念湘君，悲感之至。蔣來電，仍主張余赴桂，以現在情況惟有前往一遊也。

## 3 月 29 日　星期四

清晨四時起身，乘五時廿分夜車，因誤時間，八時十分到滬。即晤黃建平，同訪張伯璇，即在張家午飯。趁午後三時車赴京，九時卅分到下關，住東南飯店。纕

蘅、叔仁、筱魯來談。十二時就寢。

## 3 月 30 日　星期五

六時起身，七時乘江新船，小魯同行。十一時開
輪，船中遇蔡丙炎（皖保安處長）。過蕪湖時，督察專
員王保齋及胡配庚來見，又遇前五十六師旅長蔣炎。

## 3 月 31 日　星期六

晨五時過安慶，午後三時到九江，住大華飯店。

## 4月1日　星期日

乘上午七時四十分車赴省，十一時五十分到牛行車站。隨過江，住江西大旅社。晚間偕小魯遊街市，並購夏布。本日舊曆二月十八日，為余五十一歲生日。人生若夢，又是一年春，惟身體強健，百病俱無，為十年來所少有。當以有用之身，為國努力，如能使時局安定，乃當今之急務也。

## 4月2日　星期一

午後一時，訪楊暢卿談一小時，隨訪熊天翼，適外出。蔣約明日午後四時見面。昨日午後四時半，南潯路之馬迴嶺北被股匪數百人襲擊車站，並燒燬橋樑、砍斷電線，當經護路軍擊退。

## 4月3日　星期二

清晨偕小魯上街吃點心，並購書。十時行營副官林篤盦來招待。林係溫州人，復旦大學畢業。彭醇士請午飯。毛慶祥來訪。午後五時卅分晤蔣先生，談一小時。余主張應積極肅清土匪，安全社會，用政治謀統一（以改革制度為先覺條件），一面整理軍隊，為政治統一之後盾。對桂須有實在的辦法，仍空言與事無補。蔣留稍住再談。

## 4月4日　星期三

天雨在旅館看書。午偕小魯洗新池沐浴。大三元晚飯。

## 4月5日　星期四

楊暢卿、熊天翼約午飯，有何雪竹、賀國光及同鄉王源漢（號滌齋）、汪建剛（號叔潛）在坐，兩王君初次見面，均皖南文人。午後與雪竹談天。七時蔣先約晚飯，九時接見滌齋、叔潛。又盛士恆來訪，伊現任行營高級參謀，託余向暢卿進言，請外放行政督察專員。

## 4月6日　星期五

上午沐浴。回看彭醇士、潘善齋。蔣約午後八時半談話，對時局主張一致團結，共赴國難，用政治求統一，並在蔣處遇黃膺白。九時半到貢院背訪膺白及楊暢卿。擬明晨離南昌。

## 4月7日　星期六

五時半起身，七時過江，趁八時半車，十二時五十分到九江，隨上甯紹輪。午後二時半開輪，船中遇監察院秘書長王陸一。

## 4月8日　星期日

午十二時到下關，葉元龍等在碼頭迎接。到元龍訪張文白，張亞威外出午飯，飯後到文白家，趕午後五時車，文白送上車站。行至鎮江，聞午後三時有渣澤站出軌，交通頓時梗阻，候車至夜十一時半尚未修好，須步行里許換車。是夜天黑，行走頗不易，幸有憲兵營長何□幫余搬運行李，殊為可感。十二時半開車。

## 4月9日　星期一

本當昨晚九時五十分到蘇，遲至今晨三時半到蘇，一夜未眠。與偌子、纕蘅談話，纏午後回京。三先生偕馴叔午後由滬回蘇，伊昨日在滬參與梅光廡接婚典禮。蔣先生電囑余西南之行暫緩。吳少祐來蘇。到蔣家談緯國讀書事。

## 4月10日　星期二

少祐回滬。

## 4月11日　星期三

惟仁近兩日來生病，未能起床，今日稍愈。

## 4月12日　星期四

近日天氣甚寒，屋內生火，且陰雨數日，午間降雪珠。偕三先生樂群沐浴。

## 4月13日　星期五

入春以來，天氣乍寒乍熱，且風雨連綿，遊人大為掃興，各鄉春熟大受影響。少祐來蘇，晚飯後回滬。昨夜受寒，今日感冒。

## 4月14日　星期六

蔣太太在上海嫁妹妹，惟仁偕叔仁、馴叔乘午車赴滬慶祝。陳國華來談，並辭行，余勸伊不要問事。

## 4月15日　星期日

偕佶子到曾園，並至朱園購月季花。陳果夫約佶子任江蘇民廳長，佶子堅辭未就。

## 4月16日　星期一

午後吳和生送傷風藥來蘇，隨趕六時車赴吳錫。今日陰曆三月初三日，申叔斷乳，計食乳廿五個多月。乳母姓高，二十四歲，係孀居，揚州人。身體強健，性情忠原，撫養申叔極為熱心。因乳足，申叔身體甚佳。

## 4月17日　星期二

惟仁、馴叔、叔仁由滬回蘇。惟仁傷風未愈，身體格外疲困。

## 4月18日　星期三

日本宣言排斥國際援華，儼然以遠東宰主自居。「反對他國方面供給中國軍用飛機與軍事教練員及供給政治借款等事」。吳少祐、朱佛定由滬來蘇遊覽，午飯後回滬。佶子約在自由農場晚飯。惟仁發寒熱，未能起床。

## 4月19日　星期四

惟仁未能起床，特請顧伯平來家診治，據云肝胃病兼重傷風。

## 4 月 20 日　星期五

上午張家瑞偕劉景烈、盧佐（號競群）來訪。劉係滿清末年九鎮舊同事，已廿餘年不見面矣。盧係軍官出身，曾任津浦鐵路局長，初次見面。劉、盧現均僑寓蘇州。午後回看董福開（號群甫），又訪凌毅然，又到朱園購月季花。惟仁熱度漸退。

## 4 月 21 日　星期六

日本外務省既發表排斥國際援華之宣言，使國際咸感不安。美、英將取共同政策，義首相墨索里泥亦將提議裁制日本，美人謂日本態度甚于廿一條，不啻置中國于保護國地位。時局如斯，皆因連年內戰之結果。上午回拜劉景烈、盧佐。又叔仁上午車回京。又何亞龍來談日本情形及我國之危險，並留晚飯。又纘蘅來蘇。

## 4 月 22 日　星期日

江彤侯、葉元龍、李立民由滬來蘇，為戴戢事託余代向蔣先生進言。戴（號孝悃）皖南人，軍官學生出身，國家有用人才。適梅佛安為光庚完姻為喜酒，隨約江、葉、李同到梅家午飯，飯後江等回滬。凌毅然午後來訪。清晨偕佶子、纘衡回拜陳石遺先生。此人七十九歲，身體康健，海內有名文學家。

## 4 月 23 日　星期一

纘蘅上午回京。亞威由京回蘇。午後孫希文來談戴孝悃事，余遂致函蔣先生推薦戴君。

日俄風雲，益形緊張，衝突終難避免，我惟有力謀
團結，用和平方法充實力量。

## 4月24日　星期二

日本廣田外相解釋聲明，反形支離，指各國對華援
助實妨害日本，意在促列國確認日權益，又謂反對國聯
合作祇限華北。清晨回看何亞龍。到闔家頭巷新園看新
種之樹木，均以發青。少祐來蘇，同乘九時五十分車赴
滬，因朱佛定將赴港，特託致意德鄰諸君，勸伊等以大
局為重。

## 4月25日　星期三

上午會黃建平，午後會張伯璇。晚六時，黃在梅園
為朱佛定送行，余作陪。朱晚十時上加拿大船，明晨開
香港。英國對日照會，昨提出詢問日本之權威目的與範
圍，說明英國因國際條約之立場。

## 4月26日　星期四

上午偕少祐馬路散步。趁午後一時車回蘇，三時到
蘇。車站適洋車夫罷工，而天又陰雨，余步行回家，一
般摩登小姐則更感行路難。我外部再發聲明，獨力國之
國格不容喪失，單獨束縛勢力不容忍受。

## 4月27日　星期五

本日在家看花。

## 4 月 28 日　星期六

上午偕亞威、偌子、影毫到安樂園看湘君墓，後經覓渡橋到青陽地參觀農場，適天雨，行走不易。午後樂群沐浴，並往觀前購零物。

## 4 月 29 日　星期日

請梅光庾新夫婦，午後又因梅啟秀四月出閣，順為伊送行，由緯國等作陪。

## 4 月 30 日　星期一

未出門。王揖唐此次到日本在東京演談，則謂有力者以德服人，無力者養德救己。並極力主張中日親善，而努力增進今後兩國之友愛關係。

## 5月1日　星期二

偕麗君趁上午九時五十分車，赴南京遊覽。午後二時半到下關，三先生來迎接，張文伯派人到站招待。隨至文伯家，偕文伯到陵園伊之別墅，即借住該別墅，晚六時至文伯家晚飯。

## 5月2日　星期三

梅光庚昨晚夜車來京。送介兄來電，囑約張伯璇赴贛晤談，隨囑梅赴滬晤張，上午到三先生家、曹纕蘅家，並偕麗君、纕蘅、三先生遊第一公園及明孝陵【後缺】。

## 5月3日　星期四

上午偕麗謁總理陵，遊覽雞鳴寺、北極閣、後湖、五洲公園、大鐘亭、鐘鼓樓等處。午後遊覽清涼山、雨花台等處。上午並參觀陵園花房，購買月季花。文白請曹纕蘅、叔仁等晚飯。

## 5月4日　星期五

【前缺】約晚飯。十一時夜車赴滬，因蔣先生來電，託代約張伯璇赴贛一敘，此行專為晤伯璇也。

## 5月5日　星期六

七時廿分到滬，吳和生、梅光庚到車站迎接，住新亞酒店。隨到吳少祐家早點，九時訪黃建平，回吳家午飯。午後在中國飯店約張伯璇、黃建平談話，伯璇允日

內赴贛晤蔣，余即電蔣報告。伯璇在梅園約晚飯，有少祐、麗君及梅光庚夫婦等在坐。

## 5 月 6 日　星期日

吳少祐約午飯，有伯璇、建平等在坐。午後購零物。在本酒店晚飯。

## 5 月 7 日　星期一

黃建平約午飯。午後與張伯璇、黃建平在中國飯店談話，張決定十一日晚由滬乘德和輪赴贛謁蔣。晚七時，新亞酒店約吳少祐及趙女士晚飯。麗君近日旅行，身體非常疲困，皆因有孕三月之故也。

## 5 月 8 日　星期二

乘上午八時車回蘇州。午後亞威來談。

## 5 月 9 日　星期三

午後回拜戴孝悃。

## 5 月 10 日　星期四

上午到羅看花。張伯璇決定十一日夜乘德和輪赴贛，隨電蔣報告。偖子偕湘人陳強來訪，偖並約陳晚飯，余作陪。

## 5 月 11 日　星期五

道叔姪清晨到蘇，伊已在軍官學校第九期畢業，分

發張家口宋哲元軍中見習。伊經余教育成人，此後成敗
全在伊自立自主，將自用軍衣送伊以作記念，並給大洋
一百元。伊乘午後車赴滬，再返皖省親，即北上。午後
戴孝悃來訪。

## 5月12日　星期六

慎之、卓吾由鄉來蘇，報告修廟及計劃辦鄉下小學
等事，隨即辭去。吳少祐由滬來蘇，午飯後仍回滬。曾
小魯來蘇。午後偕佶子樂群沐浴，又到曾園遊覽，朱園
購月季花。

## 5月13日　星期日

清晨種季花十株。買花石數十塊，擬造進大門之假
山。午後整理書房。上午偕馴叔到闔家頭巷新園看菜
蔬，順遊圓通寺。當家和尚名紹三，江北人，其園中花
木不如以前。

## 5月14日　星期一

上午到羅家。

## 5月15日　星期二

陳柱一（號以伯），德國留學生，習理科，曾任公
使館隨員，浙江人，極忠實。余民十八年在柏林時，伊
特別招待，現在砲兵學校當譯員，因用非所長，擬辭職
來蘇，託余薦事，隨致函張靜江先生介紹。吳和生由滬
來蘇，談匯業銀行關閉情形及開辦時之經過。到新園看

樹木。

## 5 月 16 日　星期三

未出門。

## 5 月 17 日　星期四

讀書寫字。

## 5 月 18 日　星期五

曾小魯上午回南京。陳國華來蘇，談閩省民軍情形
頗難收束，希望中央派余赴閩主持。余告伊余才力不
及，不克任此重責，惟有表示謝意，陳隨即辭去。

## 5 月 19 日　星期六

開始建客廳前假山，工人係浙江金華人。該工人等
有江北人之氣力，無江北人之惡習，有蘇州人之精明，
無蘇州人文弱，此等民族當然可以發展。

## 5 月 20 日　星期日

曹纕蘅清晨到蘇。張亞威約午飯。晚七時，李印泉
偕邵元冲夫婦來訪，隨即辭去。

## 5 月 21 日　星期一

清晨陸福廷來訪。纕蘅上午回京。

## 5月22日　星期二

元龍上午來蘇。董群甫來訪，託代租住宅。午前到蔣家看假山，計劃改造。午後偕元龍到闊家頭巷新園，並到圓通寺。

## 5月23日　星期三

張錫卿來看假山，留彼午飯。張與亞威、偕子、元龍竹敘。曾筱魯來蘇。元龍晚車赴滬。

## 5月24日　星期四

午後偕影毫、光庾到闊家頭巷新園，計劃起西面亂磚圍牆。

## 5月25日　星期五

未出門。

## 5月26日　星期六

上午回看李印泉。蔣先生來電，詢緯國牙病，隨復電告已痊愈。葉元龍、吳少祐來蘇。

## 5月27日　星期日

清晨曹纕蘅到蘇。上午八時偕元龍、偕子、亞威、少祐、纕蘅、小魯乘汽油船，九時半抵木瀆，隨登靈巖山遊覽。回憶民十四年，偕故友伍伯谷先生登此山時，該山非常荒涼，今則煥然一新，此皆印光法師募化之功也。十二時至石家飯店午飯，午後至寒山寺遊覽，四時

回蘇。元龍晚車赴滬。

## 5 月 28 日　星期一

清晨到葑門外看湖石，順便到安樂園看湘君墓。纕蘅上午九時車回京。少祐午後回滬。小魯晚車回京。

## 5 月 29 日　星期二

未出門。

近年農村經濟破產，資金集中都會，形成都會之畸形發展，而農村之蘊藏盡空，在都市則現金集中無法運用，而在農村則無法得現金以資周轉。此實為吾國當前最大之危機，望當局有以善其後，速謀復興之方法也。

## 5 月 30 日　星期三

清晨到闊家頭巷新園，看起亂磚牆工程。

## 5 月 31 日　星期四

監造假山，未出。

## 6月1日　星期五

　　三先生午後到蘇。麗君之名，其轉音往往與余號有誤，故改為麗安。

## 6月2日　星期六

　　上午到闊家頭巷看起圍牆。晚十時纔蔔到蘇。

## 6月3日　星期日

　　午後溫翹生來蘇。假山完工。車夫蔡阿根與劉女用人爭鬥，隨令伊等退工。

## 6月4日　星期一

　　約溫翹生午飯。假山完工，除原有湖石、花石一百四十餘塊外，共用工料洋四百卅元。晚九時戈定遠來訪，派梅光庚出城招待。

## 6月5日　星期二

　　清晨到闊家頭巷新園。溫翹生回滬。毅然來訪。

## 6月6日　星期三

　　修石山後小路。吳少祐上午來蘇，午後回滬。

## 6月7日　星期四

　　午後偕馴兒到自由農場吃點心。

## 6 月 8 日　星期五

清晨到闊家頭巷新園。午後偕佶子到曾園，又朱園購結竹桃，到蔣家看起假山。回看顏芝卿先生。

## 6 月 9 日　星期六

未出門。

## 6 月 10 日　星期日

三先生清晨赴滬。纕蘅午車到蘇。住京日副領事藏本失蹤。

## 6 月 11 日　星期一

纕蘅上午回京。故友林頌亭兄之夫人陳慕志女士偕其弟陳繼卿君來訪，惟仁約伊自由農場晚飯，隨即回滬。陳女士境況蕭條，余代致函福建省府當局催發林兄喪費，並送旅費一百元。

## 6 月 12 日　星期二

蔣太太招待伊四妹妹新夫婦，午飯約余作陪。藏本副領事失蹤，京當局嚴密偵查，迄無下落。現在時局最感困難在政客過多，政治家少有。

## 6 月 13 日　星期三

午後何亞龍來訪。高季堂由滬來。

## 6月14日　星期四

吳少祐由滬來，午後回滬。斐益祥由安慶來，此人留學美國學工程，才識開展，派光庾陪伊遊覽。住京日本副領事藏本失踪，昨在孝陵衛尋獲，因深受刺激，悄然出走，欲與世長逝。高季堂晚車回滬。

## 6月15日　星期五

清晨偕佶子回拜何亞龍。沈綠宜來見，沈現任安徽煙酒局長，浙江人。

## 6月16日　星期六

今日端陽節，顏芝卿及伍克家新夫婦來拜節。纕蘅午到蘇。

## 6月17日　星期日

張伯璇在贛謁蔣返滬，約余面談，故趁上午五時廿分車，七時十分到滬，隨到少祐家。八時半訪黃建平，午後一時偕黃訪張伯璇，談二小時。乘四時車回蘇。

## 6月18日　星期一

纕蘅上午回京。

## 6月19日　星期二

未出門，在家看佛經。

## 6 月 20 日　星期三

小魯由京來蘇。

## 6 月 21 日　星期四

上午到蔣家看假山。偕張錫卿看闊家頭巷地皮。午後董福開來談。連日讀佛書，頗覺心安。果能天下安定，余終老于此，是所願也。

## 6 月 22 日　星期五

張伯璇擬明日赴港，約余晤談。趁午十二時五十分車赴滬，少祐來接，到中國飯店，開四百廿二號房，隨訪黃建平與張伯璇，約在中國飯店見面，約張、黃在東興樓晚飯。夜宿少祐家。致函蔣報告張伯璇行程。

## 6 月 23 日　星期六

清晨訪陳光甫，談社會經濟破產情形，又訪蕭紉秋。午後偕紉秋回蘇，車中遇何亞龍，伊赴北平。至蘇車站，又遇張亞威上車赴北平。

## 6 月 24 日　星期日

請紉秋午飯，約纕蘅、偌子、緯國作陪。陳石遺先生來訪，渠行年七十有九，康健非常。

## 6 月 25 日　星期一

纕蘅上午車回京。偕紉秋到安樂園參觀湘君墓。吳少祐來蘇，晚飯後即回滬。

## 6月26日　星期二

紉秋午後回滬。近日天氣極熱，據天文台報告為六十年來所未有。

## 6月27日　星期三

少祐夫婦由滬回北平，上午九時四十分車過蘇站，余與惟仁親往送行。曾筱魯午後回京。

## 6月28日　星期四

天時亢旱無雨，農田到處乾涸。昨日氣溫上午八十八度，中午九十八度，最高為下午二時至三時，一百〇二度。又據老農言，咸豐六年為甲戌年，天梅曾大旱，本年亦為甲戌年，為梅天。再不下雨，旱荒必成。

## 6月29日　星期五

天文台觀察報告，炎熱將再繼續增高。

現在匪區民眾所受痛苦甚深，非城市安居者所得想像。民眾既受匪共欺騙，復經土劣剝削，目前大弊在賢良士紳不肖負責任，致宵小假解決民眾痛苦之名，而實行解決其個人痛苦。

## 6月30日　星期六

梅啟秀新夫婦來見。男家姓陳，皖太平人，住蕪湖。

## 7 月 1 日　星期日

天氣亢旱，非常酷熱。晚九時卅分時，竟由南風挾雨而來，聲震屋瓦，歷十分鐘許即止，但氣溫則已驟退。日間氣溫一百〇二度，晚間九十七，雨後則降為八十九度，人身稍覺涼爽。

## 7 月 2 日　星期一

陳國華來訪，余告伊勿問外事。謝炎煊夫婦來訪。

## 7 月 3 日　星期二

平瀋第一日通車遇炸，死傷旅客十六人之多。氣候酷熱，時疫流行，世界各地均告酷熱。晚六時忽起颶風，仍無雨。

## 7 月 4 日　星期三

【缺】

## 7 月 5 日　星期四

清晨到羅家。天氣較為風涼。

## 7 月 6 日　星期五

【缺】

## 7 月 7 日　星期六

纕蘅午後十時到蘇。

## 7月8日　星期日

　　黃建平日內赴港，約余到滬見面。晨四時起身，趁五時十分車，七時半到滬。和生來接，隨到伊家早飯。九時往晤黃建平，同遊兆豐公園，遇蔣緯國等。趁午後四時車回蘇。

## 7月9日　星期一

　　天氣仍酷熱，萬分希望落雨。纕蘅午後六時車回京。

## 7月10日　星期二

　　天久不雨，各地苦旱，農苗枯萎，河水乾涸，旱災已成，前途危急。內河較大之輪隻早已完全停駛，行旅苦之。

## 7月11日　星期三

　　氣候酷熱，已達兼旬，蘇浙諸鄉，旱災已成，迄無降雨之望。前兩日熱度稍見降低，而自前日起，又逐漸上昇。吾人日處于酷熱溽暑包圍之下，甚望颶風早臨，或可調劑酷熱也。

## 7月12日　星期四

　　本日熱浪益盛，中午室外溫度竟達一百○四度，悶熱殊甚，人身汗出如潘。蠡墅等鄉得雨二寸許。南太湖僅湖心有水外，餘均乾涸見底，災概較咸豐六年為甚。

## 7 月 13 日　星期五

熱度有增無減。報載南京昨日室內熱度一百〇八度八，室外一百廿，可為從未來有之奇熱也。

## 7 月 14 日　星期六

影毫來談吳江佃戶曹光新借款事，當借三百元。蘇城河井皆涸，飲水發生問題，余家井水有多，每日清晨開放使鄰家取飲。

## 7 月 15 日　星期日

清晨到蔣家談緯國讀書事。午後六時帶城橋紙店起火，延燒四家，因乾取水困難，友人顏芝卿家臨街一進房屋為之燒去。時疫流行，死亡相繼。

## 7 月 16 日　星期一

天氣稍涼。奇旱迄今已達廿八日，農民及一般人望雨甚殷。惟據上海天文台預報，云日內或將陣雨。

## 7 月 17 日　星期二

久旱之後，昨日京、鎮、漢、蕪風雨交作，炎威稍殺，而量不多。而蘇城雖未得雨，氣候較涼也。本日午後三時，降雨半小時，雨後地上已乾，田禾河道均無大益。

## 7 月 18 日　星期三

清晨到羅家。緯國擬考軍官學校入伍生隊，隨致函

張文伯，託其代為報名。

## 7月19日　星期四

清晨曾小魯來，伊夫人由京移住蘇州。又前安慶警備司令章履和來訪，隨派小魯招待遊覽名勝。

## 7月20日　星期五

小魯夫人來訪惟仁。因近來天氣過熱，致喉中發紅，現將漸愈。晚間與光庚談中國經濟與政治之狀況甚為危險，一時無補救之方法。

## 7月21日　星期六

麗安弟弟兆麟，已在蘇州中學高中畢業，成績甚佳，人極誠實，本日午後前來晤談，特派梅光庚送他到上海考大學。曹纕蘅午後十一時到蘇。今日連次大雨傾盆，得雨數寸，群眾歡忭，額手稱慶，室內溫度曾一度降至八十度。

## 7月22日　星期日

天氣惡劣，終日陰雨飄飛。兼旬來迫人之熱浪今已一掃而空，晨間氣溫宛若初秋，霏霏微雨，又若黃梅。

## 7月23日　星期一

纕蘅、小魯早車赴京。午後四時，偕子介紹本城縣長吳企雲來會。吳係安徽涇縣人，北京大學學生。

## 7 月 24 日　星期二

緯國午後來談考學校事宜。吳少祐午後五時來,晚飯後回滬。

## 7 月 25 日　星期三

前本城警察隊大隊長杜堯民來訪。

## 7 月 26 日　星期四

本晚七時至九時卅分,月蝕最大達月面百分之六十七。而蘇地人民于初見月蝕時,即射放爆竹並鳴鑼。然此種愚民舉動,在廢清時代為最盛。要之月蝕出于自然,非人力所能阻止,在此凡百維新之現代重現此舉,具見舊習慣之不易打破也。

## 7 月 27 日　星期五

奧總理杜爾夫斯遇難逝世。歐州戰機一觸即發。

## 7 月 28 日　星期六

昨夜馴叔發熱,至天明尚退熱。隨龐新聲醫生診治,午後再請龐診,熱漸退。沈兆麟由南京回,留午飯。

## 7 月 29 日　星期日

天氣復熱,夜不能寢。馴叔熱雖退,但仍未清,再請龐醫診治。

## 7月30日　星期一

　　沈兆麟午後四時赴滬考交通大學，再赴南京考中央
大學。馴叔熱度仍未退清，再請龐醫診治。

## 7月31日　星期二

　　馴叔熱度全退。

　　政治是保障，並改進人類生存一種方法。談經濟
不懂政治，最易流于空虛。談政治不懂經濟，最易釀成
悲劇。

## 8 月 1 日　星期三

小魯由京來蘇。董群甫來訪。

## 8 月 2 日　星期四

午後萬雲階父子來訪。上午到觀前理髮，並買零物。

## 8 月 3 日　星期五

曾小魯上午赴京，招待沈兆麟考中央大學。

## 8 月 4 日　星期六

張伯璇、黃建平由港到滬，約余晤談，擬明日前往。纕蘅晚十時半到蘇。

## 8 月 5 日　星期日

上午三時半起身，趁上午五時十五分夜車赴申，吳少祐到站迎接。至吳家早飯，九時訪黃建平。午後在中國飯店偕建晤張伯璇，據云西南實力派贊成蔣任總統，惟希望從革新制度上求統一。晚九時再晤建平、伯璇。十一時回吳家就宿。

## 8 月 6 日　星期一

趁上午八時車回蘇。將與黃、張談話情形電蔣，果能革新制度選舉總統，時局或可轉危為安。

## 8 月 7 日　星期二

纕蘅趁夜車回京。

## 8月8日　星期三

湘君姐夫謝嘉猷由京來蘇，曾充陸軍團長，此次到京擬考陸軍大學特別班。午前董群甫來訪，並談易經。

## 8月9日　星期四

謝嘉猷午前謁湘君墓，午後回京。天氣又狂熱。

## 8月10日　星期五

吳少祐由滬來蘇，留晚飯，住花園飯店。

## 8月11日　星期六

少祐午飯後回滬。

## 8月12日　星期日

看雜誌。

## 8月13日　星期一

沈兆麟、曾小魯由京來蘇。沈係在京考中央大學。沈午後回鄉，伊已考取燕京大學。

## 8月14日　星期二

小魯清晨來代寫信，午後回京。

## 8月15日　星期三

惟仁傷風喉痛，請喉科馬覲侯診治，此等喉痛，皆因天時少雨之故也。

## 8月16日　星期四

謝炎煊來談，伊將回衡陽故里。麗安有孕已六個月，今日住博習醫院，請施醫生檢查。

## 8月17日　星期五

惟仁喉痛漸愈，仍請馬覲侯診治。謝炎煊友人段師旦曾在安徽民廳當視察，昨偕謝來見。此人精明強幹，年富力強。

## 8月18日　星期六

上午回看董福開。三先生午後由京到蘇。

## 8月19日　星期日

邱祖銘（號帝伯）湖州人，清晨來謁。此人係外交人員，駐歐州十有餘年，精明強幹，熟習國際情形。余民十八年遊英倫，適彼任本國使館秘書，頗盡招待之責。留午飯，飯後邱赴滬，叔仁回京。又梁冠英駐京辦事處主任鄭道儒午來謁，隨即回京。

## 8月20日　星期一

午後張叔怡來談。日來天氣仍熱，身體頗為不適。小魯由京回蘇。

## 8月21日　星期二

少祐晚間由滬來蘇。

## 8月22日　星期三

少祐午飯後回滬。董福開來談，伊子有病，託請醫生。照料馴叔之邱姓娘姨（有八年之久）因有肝病，今日在博習醫院開刀。因病太久，開刀後肝上未能用手術，實有生命之危也。

## 8月23日　星期四

沈兆麟已考取燕京大學，特來計劃赴平入學手續。天氣仍熱，仍無落雨希望，余園池井皆涸。

## 8月24日　星期五

此間氣候，夏季酷熱異常，且滴雨不降，致農事受損，已成災象。一般市民原冀秋到，俾炎威得以稍殺，詎入秋以來，不但雨水毫無，而氣溫仍然高漲不退。因之對于四鄉農事，原希一半秋收，又將成為泡影。

## 8月25日　星期六

清晨到影毫家，又回看萬雲階、謝炎煊、凌毅然。觀前買零物。

## 8月26日　星期日

沈兆麟來談伊婚事，余主張人情與理智應雙方兼顧。

## 8月27日　星期一

昨夜颶風得雨，天氣稍涼。擬明日赴滬，繳和俊等學費。

## 8 月 28 日　　星期二

趁午十二時五十分車赴滬，仍住少祐家。晤黃建平，晚間晤張伯璇。晤方叔，談文叔、敬叔、和俊讀書事宜。和俊考入之江大學，文叔、敬叔仍在原校讀書。振宗會考未能及格，去年又未會考，已成進退維谷之勢，現考南通農學院，不知能取錄否。

## 8 月 29 日　　星期三

沈兆趁午後車赴北平入燕京大學。清晨到中國殯儀館弔李師廣老太太喪，李老太太姓楊，現年八十八歲，可為福壽雙全矣。午後偕建平、少祐到商務印書館買書，並遊覽兆豐公園。建平在梅園約晚飯，有伯璇等在坐。璇等主張余赴牯嶺謁蔣，為桂方請求接濟，余因無把握，故未前往。

## 8 月 30 日　　星期四

趁上午八時車回蘇。午後落雨，天氣風涼。

## 8 月 31 日　　星期五

桂軍出發湘南截擊蕭克股匪西竄，惟因軍費困難，託余代向蔣方請求接濟。隨即去電說項。

## 9月1日　星期六

看雜誌。惟仁有胃疾，請龐醫診治。

## 9月2日　星期日

清晨偕馴叔觀前買書。

## 9月3日　星期一

清晨羅家散步。

## 9月4日　星期二

上午與梅佛菴談命理。午後蔣太太來談緯國讀書事，因伊身體不強，決定本年不入軍官學校，仍進東吳大學部一年級。將來或考陸軍或出洋，明年再定。

## 9月5日　星期三

章行嚴（現任律師）約余見面，與伊不見三年矣。趁午十二時五十分車赴滬，仍住吳少祐家。午後四時晤章，伊因陳潔如女士事，託予向蔣進言，余以未明真象，未便應允所託也。

## 9月6日　星期四

上午偕少祐至兆豐公園，德國飯店午飯。午後偕少祐及黃建平至虹橋飛機場，參觀歐亞公司新購之巨型飛機。該機向德國訂購之容克斯五十二號，由途中起飛來華。在途中僅飛七日，計華里一萬五千公里，創造中德間長距離飛行之新紀錄。

## 9 月 7 日　星期五

黃建平約午飯，午後訪齊俊卿。四時章行嚴來談，章約吃花酒。余廿年前常往來于其間，今則頭髮漸白，精神大不如從前，不勝有今昔之感也。

## 9 月 8 日　星期六

乘上午八時車回蘇州。

## 9 月 9 日　星期日

曹纕蘅清晨到蘇。偌子約午飯。

## 9 月 10 日　星期一

纕蘅上午九時回京。午後二時在梅家見趙定章女士。趙與少祐感情親善，現在頗有誤會，趙特向余苦衷。

## 9 月 11 日　星期二

張伯璇由牯嶺回滬，約余見面。隨乘十二時五十分車赴滬，四時與張晤談。

## 9 月 12 日　星期三

張伯璇約午飯。午後四時車回蘇。

## 9 月 13 日　星期四

清晨到羅家與偌子近代教育。午後看雜誌。

## 9月14日　星期五

未出門。

## 9月15日　星期六

秋雨連綿，氣候降至七十度左右。

## 9月16日　星期日

【無記載】

## 9月17日　星期一

到宮巷美麗照相。近日胃病復發。

## 9月18日　星期二

午後何亞龍來談。伊新由北平回，談該方情形甚詳。

## 9月19日　星期三

偕偕子訪何亞龍，並看亞威病，伊由北平回。

## 9月20日　星期四

清晨六時，王揖唐過蘇州，約余車站見面。因時間未間來不及，故乘上午八時車趕往崑山晤談。午後揖唐約余同赴滬，隨趁五時火車，並有江漢三同行。江係皖南人，前清翰林。余勸王時局取冷靜態度。晚宿少祐家。

## 9月21日　星期五

午前九時卅分訪黃振凡。午後四時車回蘇。

## 9月22日　星期六

未出門。午後曾影毫來談黃蘆鎮湖田管理事。纕蘅夜十一時到蘇。

## 9月23日　星期日

午後偕倍子、纕蘅到影毫家，又到鄒園看花。又訪凌毅然。又纕蘅午後四時車赴崑山。本日係中秋節，又適值星期日，各學校放暇，商戶鋪張過節，豪興不減少，入夜竹爆聲盈耳。是夜月明星稀，天氣清爽，其樂何如。

## 9月24日　星期一

日本此次風災，罹難人數可驚，死逾二千，傷一萬餘，房屋倒塌六萬餘戶。而大阪府災情尤重，該處工場與學校均大受損失。

## 9月25日　星期二

午後偕光庾看許伯明，病許久，患虛弱症，現在非常嚴重，已入危險時期，恐將不起。余告伊要定心，不要煩燥，則一切問題皆易解決也。曹亞伯午後來訪，此人專心學佛已數年矣。

## 9月26日　星期三

曾筱魯午後來蘇。

## 9月27日　星期四

曾小魯來蘇。九月廿一日晨，日本中部突遭颶風猛雨，其風勢之猛為卅年來所未有。大阪、神戶、西京，拔木毀屋，天地昏暗，慘如地獄，其中尤以大阪為甚。大阪為日本工業之心臟部，有工場二萬五千所，悉數受害。截至最近止，日政府接到各地報告，計死傷一萬一千餘人，損失達八萬萬元，災害之大，不在十年前東京大地震之下也。

## 9月28日　星期五

惟仁本日（陰曆八月廿日）五十一歲生日。因去年五十整生去海寧觀潮，未能在家，故今年辦素餐二席，約靖侯、偌子、佛安、芝卿、叔怡、錫卿、小魯及蔣、梅、曾、羅等諸夫人等。小魯午後車赴滬。

## 9月29日　星期六

上午董群甫來訪。午後葉元龍、吳和生來蘇，和生隨轉車赴無錫，留元龍住宿。

## 9月30日　星期日

上午偕偌子回訪本城縣長吳企雲，又訪舒父，均外出未晤。元龍介紹至友何德奎來見。何浙江金華人，美國留學，少年有為，精明強幹，現任上海工部局會辦。

午後偕湘行（即纕蘅）、影毫、告子護龍街散步，青年
會晚飯。元龍午後回滬。

## 10月1日　星期一

湘行上午回京。

## 10月2日　星期二

董群甫來談，並看風水。伊以吾家房屋位置甚佳，惟正屋偏東較少耳，主張臥床須稍向東斜或西斜。

## 10月3日　星期三

蔣太太過生，偕麗安、申叔到蔣家慶賀，並午飯。

## 10月4日　星期四

造竹園方面亂石牆。午後皓子來談，社會議論太紛亂，伊云佛家重在道術，儒家重在治術，歐美重在技術。

## 10月5日　星期五

監工造牆。

## 10月6日　星期六

改建假山。王揖唐來蘇。

## 10月7日　星期日

王揖唐夫人及其王姪德玉來，留午飯，午後王等回崑山。湘行清晨來蘇。何亞龍午後來訪。

## 10 月 8 日　　星期一

湘行上午回京。監工改造假山。

## 10 月 9 日　　星期二

乘午車赴滬，仍住少祐家。晚九時在李木公家晤王揖唐。

## 10 月 10 日　　星期三

乘上午八時車回蘇。監工造假山。

## 10 月 11 日　　星期四

未出門。董群甫來訪。

## 10 月 12 日　　星期五

高季堂由滬來。

## 10 月 13 日　　星期六

季唐午後返滬。少祐來蘇，晚車返滬。元龍來蘇。

## 10 月 14 日　　星期日

偕偌子夫婦到孔副司巷。陸醫生處看病，因余舊時胃疾復發已兩月餘矣。元龍晚九時五十分車赴滬。

## 10 月 15 日　　星期一

天雨。清晨到羅家。

## 10 月 16 日　星期二

上午到陸慕姚醫生處診胃病。叔仁由京來蘇。

## 10 月 17 日　星期三

監造假山。

## 10 月 18 日　星期四

上午到陸慕姚處看胃病。方叔家眷在滬割子宮瘤，甚危險。本日午後一時與惟仁偕叔仁赴滬看其病情，擬酌予接濟。

## 10 月 19 日　星期五

移種芍藥花。移種花季花。

## 10 月 20 日　星期六

監造山。移植樹木。纕蘅晚十時到蘇。

## 10 月 21 日　星期日

偌子約午飯。午後何亞龍談，留晚飯，有偌子、亞威。

## 10 月 22 日　星期一

纕蘅上午回京。惟仁午後由滬回蘇。

## 10 月 23 日　星期二

叔仁上午回京。居覺生夫人來蘇，惟仁請他午飯，

伊與惟仁不見面已十餘年矣，並約蔣、楊、羅諸夫人作陪。竺芝珊上午來談辦銀行事。本園路南假山工事完畢，計一百卅八工，每工一元半，另給酒資廿元。

## 10 月 24 日　星期三
午後到鄒園購花木。回看謝炎煊。

## 10 月 25 日　星期四
清晨植樹。午後樂群沐浴，觀前買零物。

## 10 月 26 日　星期五
振華女學校廿七日舉行童子軍檢閱，請余蒞臨評判。余因既非校董，又非本地士紳，未便擔任，特親至何亞農家託其夫人代為辭卻，緣何夫人與王季玉校長乃親姐妹也。上午植樹，並分慈孝竹。午後謝炎煊夫婦來參觀假山。

## 10 月 27 日　星期六
王揖唐夫掃，又葉元龍、曹纕蘅等來蘇，均下榻余家。王來談時局，並外交情形。上午十時何肯孫偕葉譽虎來見，葉頭腦清楚，歷任交通部長，現擬卜居蘇州。

## 10 月 28 日　星期日
葉元龍晚車赴滬。

# 10月29日至31日　星期一至三

【缺】

## 11月1日　星期四

緯國請余寫勉詞，隨書四書二句，即日知其所無，月無忘其所能。

## 11月2日　星期五

清晨回拜葉譽虎。到何肯孫家，到新園計劃補種樹木。午後樂群沐浴，觀前買零物。

## 11月3日　星期六

清晨回拜何亞龍，適伊赴滬。午後吳和生由滬來，云少祐擬赴香港旅行，余無成見。

## 11月4日　星期日

午十二時五十分車赴滬，車中遇冷禦秋、趙鎮平，住新亞酒店。晚間晤少祐等，伊因事暫緩赴港旅行。

## 11月5日　星期一

上午偕少祐訪黃建平。在少祐家午飯，張伯璇在坐。黃建平東興樓約晚飯。

## 11月6日　星期二

乘上午八時車回蘇州。

## 11月7日　星期三

偌子送石筍二根，種在進大門花台上。曾小魯晚車來蘇。

## 11月8日　星期四

清晨到安樂園看湘君墓，並擬補種樹木。

## 11月9日　星期五

麗安昨夜（即陰曆甲戌年十月初三日）十二時忽肚痛，遂請產科顧之華前來。至今晨八時產一男，大人小人均安，誠祖宗在天之靈也。此兒起名毛弟。惟仁昨夜未眠，前後奔走，精神非常疲困，余心實感不安。倍子約午飯。樂群沐浴。

## 11月10日　星期六

上午回看何亞龍，伊擬今午後赴北平。本城公安局長王伯麟午後六時來會。三先生清晨來蘇。

## 11月11日　星期日

纕蘅來蘇。陳石遺先生來訪。少祐來蘇，晚飯後到趙家住宿。

## 11月12日　星期一

纕蘅回南京。

## 11月13日　星期二

少祐決赴香港一行，余仍主時局和平，擬請少兄代向西南當局作最後忠告。趁午十二時五十分車赴滬，住新亞酒店。午後六時訪喬萬選，此人法律專家，現任法院推事。在少祐家晚飯，晚間建平來談。

## 11 月 14 日　星期三

上午九時半到上海銀行訪陳光甫，又晤楊敦甫。楊約到伊家午飯，並暢談商務最近情形。晚七時偕少祐、建平北平飯館小吃。

## 11 月 15 日　星期四

上午偕少祐到上海銀行，光甫約午飯。午後到少祐家。張伯璇在梅園約晚飯，飯後到新亞酒店閒談，對于時局抱悲觀。

## 11 月 16 日　星期五

趁上午八時車回蘇。

## 11 月 17 日　星期六

前安徽高等法院院長現任司法部參事陳福民上午九時來訪，暢談司法情形。

## 11 月 18 日　星期日

纕蘅昨晚來蘇。安徽省政府及振災委員會派徐國治、孫養癯二君來晤，請求代為募款。據云本年旱災之廣為六十年來所未有，安徽一省約有一千五百萬人無衣無食。當派梅光庾招待孫、徐二君。

## 11 月 19 日　星期一

纕蘅早車回京。午後許汝為偕其二夫人及其子婿及林赤民夫婦、萬云階夫婦、謝炎煊夫婦，並余子厚等來

訪，隨陪同赴謝家。余與許不見面已二年矣，擬明日設
席招待，以盡地主之誼。

## 11月20日　星期二

本日午設席招待許汝為等，午後惟仁陪許等游覽虎
邱、留園、西園。午後四時車赴滬，晚九時晤王笠夫，
與伊暢談，毫無結果。

## 11月21日　星期三

午約鮑午橋等東興樓午飯。午後一時車回蘇，謝炎
煊約許汝為等晚飯，約余作陪。

## 11月22日　星期四

上午偕汝為等遊覽公園、元廟，觀汪氏義莊。在花
園飯店約許午飯，飯後偕許樂群沐浴，萬云階家晚飯。
此次與許晤面數次，均談應酬話，彼以為過去之錯誤。
孫良翰約余及許遊常熟，擬明日前往。

## 11月23日　星期五

五時半起身，六時赴西門趁汽油船。七時開輪，午
十二時到常熟，住孫家。午後遊虞山之虞仲墓及言子墓
等處，又遊破山寺。

## 11月24日　星期六

本日遊覽尚湖及虞山等處。

## 11 月 25 日　星期日

七時仍趁汽船回蘇，十一時卅分到車站。許等十二時五十分車回上海。

## 11 月 26 日　星期一

纕蘅上午回京。凌毅然送吳江租稻款來，計六百餘元。致蔣慰問函。

## 11 月 27 日　星期二

種楓樹一株。本園計有本國楓十株，日本楓一株。

## 11 月 28 日　星期三

亞威約午飯。小魯來蘇，同去樂群沐浴。汪精衛、蔣介石通電主張和平統一，如在半年前發表此電，時局或可轉危為安也。

## 11 月 29 日　星期四

葉元龍由滬來蘇。

## 11 月 30 日　星期五

整理樹木，並上肥料。

## 12月1日　星期六

　　纕蘅晚車來蘇。謝炎煊夫婦來，與偌子、亞威、元龍等竹敘。

## 12月2日　星期日

　　小魯午後回京。整理樹木。

## 12月3日　星期一

　　清晨楊亮功來訪。伊巢縣人，美國留學生，曾任安徽大學校長，現任監察院委員。此次與余初次見面，係由纕蘅、揖唐介紹。留伊午飯，乘午後車回京。

## 12月4日　星期二

　　黃建平擬赴港，特乘午後車赴滬晤黃，仍本迭次主張精誠團結。午後六時約黃東興樓便飯，晚宿吳和生家。

## 12月5日　星期三

　　上午八時車回蘇。

## 12月6日　星期四

　　九江警備司令陳鳴夏來，並留午飯，午後同到樂群沐浴。偌子約陳在青年會晚飯。

## 12月7日　星期五

　　三先生上午車回京。張叔怡與偌子、元龍、惟仁

竹敍。

## 12 月 8 日　星期六
種芍藥。段運凱來訪，留晚飯。

## 12 月 9 日　星期日
本日為犬兒滿月，又值馴叔滿八歲之生日，天氣溫和，賀客甚多。當此國難當前，本不應有所舉動，只因俗例難免，故約請親友歡聚耳。范憫默約晚飯。元龍晚車赴滬。

## 12 月 10 日　星期一
在老丹鳳飯館約段運凱午飯，有亞威、偌子等作陪。纕蘅早車回京。

## 12 月 11 日　星期二
段運凱上午車回京。往看萬雲階病。到謝炎暄家看假山。

## 12 月 12 日　星期三
整理月季花及梅花。

## 12 月 13 日　星期四
讀書。整理樹木。

## 12月14日　星期五

午後偕偌子樂群沐浴。

## 12月15日　星期六

陳柱一來訪，伊在同濟大學畢業後，到德國留學化學專門，現無工作，託余介紹。此等專門人才無事可辦，國家前途尚可問乎。

## 12月16日　星期日

午後偕偌子到曾園遊覽。午前整理樹木。

## 12月17日　星期一

王揖唐應蔣約南下，午十二時五十分車過蘇，約余同車赴崑山，並在車遇何克之。由崑山乘五時車赴滬，住中國飯店。與少祐談話。

## 12月18日　星期二

上午晤黃建平，並黃家午飯。黃初由桂回，帶有李德鄰親筆函，託余向蔣說話。只得將函中大意轉蔣，但以現在形勢■■，恐仍無結果也。午後晤張伯璇，仍談蔣桂合作事宜。

## 12月19日　星期三

少祐約王揖唐及余等午飯。午後四時車回蘇。

## 12 月 20 日　星期四

少佑來午飯。安徽行政督察專員沈鵬■來見。李德鄰來親筆函，主張和平。將原函轉蔣，以盡人事耳。

## 12 月 21 日　星期五

少祐午後回滬。

## 12 月 22 日　星期六

整理柳樹。纕蘅晚車來蘇。

## 12 月 23 日　星期日

冷禦秋偕張君來看假山，留午飯，隨即回鎮江。張大千之兄善千來訪，此人亦常于畫。惟仁上湘君墓，使我無限懷想。

## 12 月 24 日　星期一

纕蘅上午回京。

## 12 月 25 日　星期二

【無記載】

## 12 月 26 日　星期三

【無記載】

## 12 月 27 日　星期四

上午到蔣家看朱子謙先生夫人，下午王揖唐、葉元

龍先後來蘇。王于四時車回崑山。蔣介兄由溪口來電，
約予及王揖唐于卅日前到杭州見面。

## 12月28日　星期五

上午八時車赴崑山，約王揖唐先生，即在崑山午
飯。飯後赴滬，仍住少祐家。隨往訪黃建平、張伯璇。

## 12月29日　星期六

偕揖唐趁上午七時五十分車赴杭州，住西泠飯店。
隨到湖邊散步。

## 12月30日　星期日

上午偕揖唐遊覽靈隱，並照相。午間在旅舍食堂遇
王亮疇、褚明誼、黃季寬（省主席）、周象賢（市長）
等，午後遊九溪十八澗，季寬約晚飯，全體省委作陪。
九時介兄約談，對于桂方主張，先將該省高級文武官吏
保請中央任命，然後發表李德鄰剿匪名義。

## 12月31日　星期一

【缺】

## 用品存查表

品名：亞士北羅傷風藥

# 1935 年（民國 24 年）　52 歲

## 1 月 1 日　星期二

　　偕揖唐趁上午八時車回滬，仍住少祐家。往訪黃建平、張伯璇，將介兄主張先將桂省文武官吏保請中央任命，然後發表李德鄰剿匪名義，電告桂省。四時偕揖唐到段芝老處拜年。

## 1 月 2 日　星期三

　　上午八時偕揖唐回蘇州。

## 1 月 3 日　星期四

　　羅先生約王揖唐午飯。上午偕揖唐看湘君墓。

## 1 月 4 日　星期五

　　張文伯由滬來，午後回京。纕蘅亦于午後回京。揖唐午後赴滬。

## 1 月 5 日　星期六

　　何亞龍由北平來談日本外交情形，頗難應付。午後六時黃建平赴北平，車過蘇州，特赴車站送行。

## 1 月 6 日　星期日

　　清晨到偌子、亞威家。在蔣家午飯。亞威在松鶴樓約何亞龍晚飯，余與三先生作陪。

## 1月7日　星期一

三先生赴滬送交諸姪學費。午後訪凌毅然兄。

## 1月8日　星期二

天雨已久，氣候惡劣。

## 1月9日　星期三

午後偕佶子樂群沐浴。元龍午後六時來蘇。整理竹園。

## 1月10日　星期四

三先生回蘇。元龍回京。

## 1月11日　星期五

上午到平橋頭，請袁證道按摩家看余肝胃病。

## 1月12日　星期六

上午仍到證道居士處診胃疾。近日冬行春令，天氣溫和，雨雪稀少，社會疾病叢生。

## 1月13日　星期日

曹纕蘅偕劉石庵清晨來蘇，劉晚車赴滬。現在人幹政治事多取牽就，不實在主義，往往一事無成。余一再思維，只有採下列幹事之常識：「與其牽就暫時幹，結果不能幹。不如不牽就暫時不幹，結果或能幹，或久幹。」

## 1 月 14 日　星期一

王揖唐午後來小住。纕蘅午後六時車回京。

## 1 月 15 日　星期二

午後偕揖唐樂群沐浴。

## 1 月 16 日　星期三

少祐清晨來。午後三時車，偕揖唐赴無錫遊覽，住新世界飯店。隨到公園散步，聚豐園晚飯。

## 1 月 17 日　星期四

清晨北拱樓早點，有富紳楊翰西父子作陪，並陪同遊覽寄暢園、惠泉山、忍草庵、梅園、小磯山等處，楊氏父子並在元頭□設席招待。趁午後三時車回蘇。適犬兒久咳未愈，近二日發熱，隨請龐、孫兩醫生合診，結果證明肺部發炎，即于晚七時送入博習醫院調理。

## 1 月 18 日　星期五

偕揖唐樂群沐浴。小魯來蘇。

## 1 月 19 日　星期六

佶子約揖唐及余等午飯。纕蘅晚車來蘇。

## 1 月 20 日　星期日

未出門。

## 1月21日　星期一

上午五時半起身，偕揖唐、叔仁、光庾、小魯趁八時船赴靈巖山遊覽，在木瀆石家飯店午飯。午後回蘇，是日天氣溫和。纕蘅上午九時車回京。

## 1月22日　星期二

上午九時偕揖唐、小魯、叔仁、光庾遊覽虎丘、西園、留園等處，惟盈旅館午飯。午後樂群沐浴。偕揖唐回拜何亞龍。

## 1月23日　星期三

約何亞龍午飯。

## 1月24日　星期四

王揖唐午車赴滬。日軍砲擊察東之沽源、獨石一帶。朱子謙先生夫人明日五十大慶，特到緯國家避壽，余、麗安等前往預祝。

## 1月25日　星期五

三先生上午回京。段運愷晚十時到。

## 1月26日　星期六

上午八時偕段運愷到劉和鼎家，為其父養卿祝壽。午後偕段赴滬，在車站遇揖唐，同到重慶路李木公家，又到上海銀行。晚七時，段在梁園約晚餐。晚八時偕揖唐等訪熊天翼，暢談大局及中日外交。

## 1 月 27 日　星期日

　　上午訪陳光甫、楊敦甫，十時回拜影佐，十二時訪黃建平。午後偕徐巽言、吳少祐、曹纕蘅遊兆豐公園及龍華寺等處。王揖唐在梁園約晚飯，有熊天翼、梁鴻志等在坐。

## 1 月 28 日　星期一

　　上午到上海訪光甫、敦甫等，午十二時訪何克之、黃建平，午後一時車回蘇州。張國書在日來蘇，本日夜車赴蕪湖。因至舊曆年終，家鄉貧寒者多，特籌六百元囑國書返里分配。

## 1 月 29 日　星期二

　　上午訪亞龍。

## 1 月 30 日　星期三

　　午後樂群沐浴。

## 1 月 31 日　星期四

　　看雜誌，未出門。

## 2月1日　星期五

看雜誌。

## 2月2日　星期六

午後偕偌子、亞威樂群沐浴。

## 2月3日　星期日

今日係甲戌年大除夕，緯國家約余全家晚飯，有竺芝珊夫婦、子女及張錫卿在坐。

## 2月4日　星期一

乙亥年元旦日，昨夜砲竹聲終夜不斷，舊習慣一時不易改也。偌子、亞威、毅然、憫黔、靖侯、肯孫、佛菴、芝卿、青嶔、雲階等來拜年，午後親往回拜。

## 2月5日　星期二

張叔怡、彭丙一來拜年，彭近年學佛頗有心得，與余大談佛理。

## 2月6日　星期三

犬弟昨日起復發寒熱。本日落雪，可惜太遲。

## 2月7日　星期四

約緯國午飯。羅志權新夫婦來見。少祐患口瘡甚嚴重，擬即日前往一看。

## 2 月 8 日　星期五

午後四時卅分車赴滬，麗安同行到滬，住新亞酒店。隨到少祐家看病，少祐頸後對口生瘡已有旬日，情形甚重，熱度甚高，頭面均腫，虛汗不止，大有不起之勢。

## 2 月 9 日　星期六

上午訪揖唐，偕伊看少祐病。約揖唐在新亞午飯，下午會黃建平。

## 2 月 10 日　星期日

上午看少祐病，訪俞子厚、許汝為。許留午飯，大談時局，殊多悲觀，他說彼此過去之誤會。纔蕆到滬，夜車回京。見文叔、方叔。

## 2 月 11 日　星期一

上午看陳覺民，此人係陳競存之弟，與余不見已十五年矣。此次擬與介石見面，託余疏通。十二時偕揖唐到李季皋家午飯，李係李鴻章之子，現年五十九歲。晚間偕麗安散步，冠生園夜飯。

## 2 月 12 日　星期二

上午到上海銀行。少祐家午飯。午後二時半偕揖唐大光明看電影，遊兆豐公園。晚七時約陳光甫、王揖唐新亞晚飯。

## 2月13日　星期三

上午看少祐病，較前數日稍有進步，仍過危險時期。午後一時車偕麗安回蘇，車中遇冷禦秋、鈕惕生。

## 2月14日　星期四

清晨倍子來談。轉陳覺民函與介兄。張叔怡來談中國文學。

## 2月15日　星期五

小魯回京。董群甫來談，伊新由港回，述胡展堂意，擬託余向介兄進言，謀團結。余數年奔走無功，只有暫取靜觀態度耳。午後五時偕叔仁樂群沐浴，並理髮。

## 2月16日　星期六

午後回拜董群甫。纕蘅晚車來。

## 2月17日　星期日

羅先生約午飯。揖唐來電話約赴滬，趁九時四十分車前往，仍住新亞酒店。

## 2月18日　星期一

上午看少祐病。下午朱佛定來談。晚九時偕揖唐以私人資格晤日人土肥原，係訪問性質，未談政治。

## 2 月 19 日　星期二

上午再看少祐病。訪蕭紉秋，午後四時車偕紉秋來蘇。八時黃建平來談，伊此次來蘇遊覽並訪友，順便晤余耳。

## 2 月 20 日　星期三

與紉秋談時局，均感覺困難甚多。伊個人頗清苦，余主張伊即日赴漢幫助介兄，于公于私均有利益也。

## 2 月 21 日　星期四

蔣家約余及紉秋午飯，午後偕紉秋遊羅園。

## 2 月 22 日　星期五

王揖唐上午來蘇，此行專為晤蕭紉秋的，午後王、蕭同車回滬。少祐病仍未愈，晚車赴滬慰問。

## 2 月 23 日　星期六

上午看少祐病。午後訪揖唐，又黃建平來談。晚九時偕揖唐訪蕭紉秋，紉秋擬日內赴漢謁蔣，余託其代致意，並送紉秋旅費三百元。

## 2 月 24 日　星期日

趁上午八時車回蘇。午後偕麗安到曾園看梅花，謝家看假山。殷紹乘來訪，並談皖中政治不良，要求改造。余以在野之身，未便過問也。

## 2月25日　星期一

到羅園看梅花。

## 2月26日　星期二

麗安發寒熱。許汝為偕其如夫人來訪，留晚飯。介兄將入川，來電約余赴川一遊。當復電贊成，候伊約期即行。

## 2月27日　星期三

上午到萬家回拜，汝為陪伊到曾園看梅花，萬家午飯，午後明光公司配眼鏡。張席卿約汝為晚飯，約余作陪。高季堂來蘇，隨即赴南京。

## 2月28日　星期四

午前九時到萬家，為許汝為送行，伊趁午十二時五十分車回上海。午後樂群沐浴。

## 3月1日　星期五

上午偕倍子回拜本城公安局長張國威，又到曾園，轉往鄒園購櫻花等。惟仁由杭州回蘇，因陳英士兄之子惠夫在湖州接婚，代表余前往道賀，順便赴杭進香。

## 3月2日　星期六

緯國來談伊讀書事。伊本人擬出洋，其父主張學陸軍，其母主張仍在東吳大學。余無成見，只有採其父或其母之意見也。纕蘅晚車到蘇。

## 3月3日　星期日

揖唐上午到蘇，下午回崑。午後到蔣家與蔣太太商量緯國讀書事，仍無接果。

## 3月4日　星期一

纕蘅上午回京。惟仁偕叔仁赴崑山回拜揖唐，夫人晚車回蘇。黎琬午後來蘇，約其在自然食品公司晚飯，即在余家住宿。伊隨介兄任機秘書有年，少年老成，不可多得。

## 3月5日　星期二

黎琬午飯後回京。緯國仍擬入軍官學校。張文白來電話可以插班，故于午後六時車，叔仁陪其赴京與文白接洽，仍須介兄最後決定也。少祐來電話，約余赴滬。因西南致電建平，仍盼團結，故趁晚九時半車前往，仍住新亞酒店，隨與建平談話。

**3月6日　星期三**

　　上午看少祐病，即在伊家午飯。趁午後一時車回蘇。小魯晚車來。清晨在新亞路遇鄧孟碩夫婦。

**3月7日　星期四**

　　上午到平橋頭袁敦五醫生處診背筋痛。

**3月8日　星期五**

　　上午何亞龍來，談伊頃由北平回，留午飯。午後樂群沐浴。光明公司取眼鏡。

**3月9日　星期六**

　　清晨小魯赴崑山，即由崑趁車回京。再請袁敦五診背筋。葉元龍午後來，伊現在暨南大學及法政學院任教授，既兩次任廳長，而無做官習慣，再任教授，現狀下不可多得之才也。

**3月10日　星期日**

　　上午觀前理髮。元龍晚九時車回滬。張伯璇由江西回滬，擬日內赴港。又段芝老十三日過壽應慶祝，擬明日赴滬。

**3月11日　星期一**

　　趁十二時五十分車赴滬，元龍、和生車站迎接，住新亞酒店。午後四時晤張伯璇，暢談余表示對于時局之主張：（1）對內團結，（2）對日商洽，（3）對土匪

剿滅。張氏極以為然。

## 3 月 12 日　星期二

上午訪黃建平。偕方叔到閘北建國中學看敬叔。黃建平約余及王揖唐、張伯璇在東興樓午飯。飯後到源源旅館看揖唐夫人，午後四時偕揖唐到段宅祝壽，遇許世英等。曹纕蘅亦于今晨到滬。少祐家晚飯，九時在纕蘅處會于學忠住京代表黃君。

## 3 月 13 日　星期三

張伯璇今晨赴港。上午九時訪陳光甫，一同外出早飯。纕蘅午後回京。與元龍研究現在經濟之狀況，異常危險。午後偕揖唐訪李季皋，並遊伊花園，計六十畝之大，可謂最大之私人花園矣。至少祐家晚飯。

## 3 月 14 日　星期四

再與元龍研究現在金融危險補救方法。午後與元龍黃浦公園散步。陳光甫請余及揖唐晚飯。

## 3 月 15 日　星期五

清晨到少祐處早飯，在伊處遇見故友吳復初之世兄。二人均係中央大學畢業，其一日內赴美留學，習制造飛機。午後五時在李經邁公館，由揖唐介紹與余學忠見面。此人現任河北省府主席，並任軍職，完全軍人出身，因初次見，未克深談，不能判斷其為人也。晚八時在國際飯店請揖唐夫婦及解樹強、戴小姐晚飯。

## 3月16日　星期六

李經邁送李文忠全集一份。此書計一百本，印刷甚佳，原版已失，已成絕本。乘上午八時車回蘇州。

## 3月17日　星期日

卓吾弟上午來見，談及家鄉去年赤旱，今春無衣無食遍地皆是。余雖有心救濟，而力有未及，奈何、奈何。卓吾隨即赴京。午後何亞龍來談。

## 3月18日　星期一

今日湘君三週記念，在祇園念佛。佶子、亞威、芝卿、佛菴、靖侯、蔣青嶔、蔣孝先、蔣太太、許太太等均往敬禮，留素餐。

## 3月19日　星期二

上午植門外路邊法國梧桐十二株。晚七時馬育航來訪，為陳競存身後事，託余向介兄進言請其幫助。隨趁夜車赴京，派三先生到車站送行。

## 3月20日　星期三

清晨偕佶子回看何亞龍，又王揖唐約到青陽港遊覽，偕三先生趁上午十一時廿六分車前往。至時王夫婦及王木公之子女二人均先到青陽港車站，即同到該處飯店午餐。午後步行到崑山，遊崑山公園，趁六時卅分車回蘇。今日天忽轉寒。

## 3 月 21 日　星期四

日來氣候乍暖乍寒。及至昨晨起，披衣抖擻，北風颯颯，大有冬末春初之概。至晚十二時復下雪珠後，至今晨大雪紛飛，寒氣益甚矣。午後樂群沐浴。何亞龍、王文伯來訪。

## 3 月 22 日　星期五

亞威約亞龍、文伯在松鶴樓午飯，余與偌子作陪，余隨約伊等晚間便飯。今日做牡丹台上鐵架。今日係陰曆二月十八日，係余之生日。如此又過一年，公私均無進步，甚愧。

## 3 月 23 日　星期六

草地南面洋玉蘭忽乾枯，午後特到朱園購紫薇一株補種。

## 3 月 24 日　星期日

纕蘅清晨來蘇，隨偕其回看周龍光（號二為），安徽定遠縣人，日本留學生，曾任外交部亞洲司長、天津市長，此次王揖唐介紹來見。午後陳石遺先生來訪。二時周二為來見，招待茶點。

## 3 月 25 日　星期一

纕蘅上午回京。揖唐夫婦來蘇，即住余家。

## 3 月 26 日　星期二

蔣家約揖唐夫婦午飯，余夫婦等作陪。午後偕揖唐樂群沐浴，適大雨。接見日人影佐。

## 3 月 27 日　星期三

介兄由貴陽來電，約余及偕子乘機飛重慶轉飛貴陽。因連日風雨，飛機停航，擬明日赴南京，趁船赴漢，再飛重慶。今午設素席，招待揖唐夫婦，請蔣太太作陪。

## 3 月 28 日　星期四

上午整理行理，因到漢口乘飛機，其行理重量不能過廿五磅，合中國約十九斤。偕偕子趁午後三時車赴京，七時五十分到下關車站，曾小魯、劉石菴、曹纕蘅來接，住東南飯店，並在車中遇殷紹乘。余背筋痛已十餘年矣，此次發作日期甚久，痛更甚。

## 3 月 29 日　星期五

七時上建國船，八時開輪，纕蘅、小魯、國書等送行。終日與偕子詳細研究挽回時局方法。

## 3 月 30 日　星期六

上午六時過安慶。午後四時到九江，隨上岸訪警備司令陳鳴夏，同至中華沐浴，又同春晚飯。船中貨物甚多，卻下至深夜二時始行開輪。

## 3 月 31 日　星期日

　　午後七時卅分到漢口，住德明飯店，陳公安局長希曾在碼頭迎接。因明日飛機無坐位，三號飛重慶。

## 4月1日　星期一

上午偕佶子遊覽中山公園，回拜陳希曾。又到女青年會看羅京慧大小姐，隨約羅及該會總監事黃女士德明午飯。午後三時羅小姐約看電影。此間綏署總參議朱傳經來訪，朱號伯林。到上海銀行回拜周蒼柏經理。

## 4月2日　星期二

上午偕佶子到青年會捐會費一百元。午後偕陳希曾過江，拜訪省主席張岳軍。又參觀武漢大學，該校建築于洛加山，而東湖在其側，規模宏大，風景怡人。當此農村破產，民不能生，如此大建築不應此時舉行也。上海銀行漢口經理周蒼柏來談，此人精明強幹，大有可為。飛機坐位已訂，每張三百元，二張共六百元。生活程度之高，大可憂也。

## 4月3日　星期三

六時起身，七時到江邊，上九江號飛機。七時卅分開機，九時沙市，十時到宜昌，十二廿五到萬縣，下午二時半到重慶。入三峽至渝，沿途奇峰突出，異常雄偉。劉湘省主席及行營楊秘書長、賀主任均派代表到機場，下榻桃園。下午四時拜訪楊秘書長、賀主任，並偕佶子遊覽街市，所有建築多似歐化。晚八時省府秘書鄧鳴階來談，隨陪同拜劉主席。

## 4月4日　星期四

清晨陳布雷過談。午後四時到飛機場，因坐位不

敷，未能成行。仍回桃園休息，偕偌子到新華池沐浴。

## 4月5日　星期五

午十二時乘崑明號飛機，午後二時到貴陽，住新生活旅館，何雪竹亦住該館。總指揮兼綏靖主任薛岳請便飯，有雲南軍司令孫度等在坐。五時晤介兄，伊請余任貴州省主席，余回寓考量，困難甚多。

## 4月6日　星期六

午後五時再晤介兄。關于貴省主席事，對于軍事、財政毫無把握，而介兄私情又便過于辭卻，誠左右為難也。談無結果，約再談。晚間郭思寅及何雪竹來談。

## 4月7日　星期日

午後六時再見介兄。為彼此感情計，對于貴州主席未便再辭，只得勉強擔任。該省交通不便，文化落後，求即時進步大不易也。財政大宗收入為鴉片煙稅，田附不過八、九十萬耳。

## 4月8日　星期一

本擬今日飛重慶回蘇州，因天氣不佳，未能起飛。午後三時偕偌子及韓文源西門外散步。晚間土匪擾亂，距城約四十里。接見王紹武參謀長謝沛生。

## 4月9日　星期二

十一時赴貴陽飛機場，十二時起飛，午後二時十分

到重慶。隨訪楊暢卿、賀元靖，晚間賀、楊及陳布雷均
來談。偕佶子陶樂春便飯。

## 4月10日　星期三

今日無飛機，明日赴漢。賀元靖約晚飯，有楊暢卿
等在坐。

## 4月11日　星期四

四時半起身，五時到飛機場，上安慶號郵機。七時
開飛，午後二時半到漢。綏靖公署及行營均派人歡迎，
住太平洋飯店，朱伯林等代表綏署招待晚飯。八時半在
錢大鈞公館與張翰卿見面。

## 4月12日　星期五

上午七時趁武昌號飛機，午十二時到南京。纕蘅、
小魯來接，同到馬祥興午飯。午後遊陵園看牡丹，趁午
後五時車回蘇。在花園飯店晤黃建平。

## 4月13日　星期六

上午黃建平來談，並留午飯，飯後回滬。元龍由滬
來。魯書由京來，伊因身體不好，不欲赴黔。午後到蔣
家。何亞龍來談。

## 4月14日　星期日

張叔怡來談，擬約任秘書長。午後段觀海來見，係
由纕蘅介紹。此人能英、法、德語，美國留學生，安徽

人。元龍晚車回滬。

## 4 月 15 日　星期一

今日電蔣推薦貴州省委廳長，以曹經沅為省委兼民政廳長、李仲公為省委兼財政廳長、车琳省委兼建設廳長，葉元龍省委兼教育廳長、張棟秘書長、周恭壽、諶湛溪為委員。午後四時廿七分車赴滬，麗安同行，住新亞酒店。

## 4 月 16 日　星期二

清晨看少祐病。訪黃建平。永安公購零物。今日政府發表予為貴州省政府主席。黃建平約晚飯。廣西同人擬約余赴港，因現在環境未便前往，特請偝子代表一行，伊今晚起程。

## 4 月 17 日　星期三

到上海銀行。看楊敦甫病，又看少祐病。到少祐家午飯，並與王揖唐見面。午後六時在中國飯店會葉元龍，並由伊介紹靳宗岳晤面。靳，貴陽人，美國留學生，算學專家，現在暨南大學任教授。

## 4 月 18 日　星期四

清晨到中國飯店會何克之，午後訪許汝為。七時偕元龍訪宋子文，偕元龍到東興樓晚飯。

## 4月19日　星期五

清晨訪財長孔庸之，談黔省財政情形。午十二時王揖唐與李經邁在李宅約午飯，有日本武官磯谷少將、影佐中佐在坐。伊等與余談中日關係，余力主和平。三時半訪貴州紳士王伯群。

## 4月20日　星期六

趁上午九時車回蘇州。午後周佩箴來訪。周係湖州人，素來隨張靜江辦事，現在監察院任總務處長。蔣宅約周晚飯，余作陪，並有蔣孝先在坐。靖侯等赴滬，擬由海道赴貴陽。

## 4月21日　星期日

張叔、王揖唐來，午後回崑山。午後七時訪何亞龍。

## 4月22日　星期一

午十二時五十分車赴滬。到公濟醫院看少祐病，住少祐家。

## 4月23日　星期二

上午訪吳鼎昌、錢新之等。段芝老請午飯，午後與牟貢三、周銘久見面，拜會周渭石。行政院今日發表黔省府廳長、委員，計曹經沅民政廳、李仲公財政廳、葉元龍教育廳、諶湛溪建設廳、王徵縈、牟琳、周恭壽、朱庭祜為委員。到上海銀行晤伍克家等。光甫家晚飯，

談現在經濟情形。偕光庾乘夜車赴京。

## 4 月 24 日　星期三

清晨和平門下車，住張文白家，往訪居覺生、戴季陶、葉楚滄等。午後再訪友，文白家晚飯，有高一涵等在坐。又訪周枕琴、王振南等。

## 4 月 25 日　星期四

上午拜訪在京貴州同鄉。孫哲生約午飯，有梁寒操等在坐。午後訪戴季陶、王揖唐等暢談。上午十時，謁汪院長。十一時，謁國政府林主席。晚六時，呂參軍長招待宴會。七時，汪院長宴會，有唐、孟、蕭等作陪。又偕子到京送行，晚九時與其談話。十一時回陵園文白別墅就寢。

## 4 月 26 日　星期五

五時起身，六時到下關上甯紹輪，有呂漢群、張文白等數十人到碼頭歡送。午後二時到蕪湖，專員王葆齋等在碼頭歡迎，隨上岸遊覽赭山公園，隨到專員公署茶點，晚九時半開輪。蕪湖建設較前大有進步，中山堂建築甚偉觀。

## 4 月 27 日　星期六

午十一時到安慶，劉主席雪雅率同各廳委及全城文武官江干熱烈歡迎，使余心感不安。隨上岸到省府應雪雅之晏，並遊覽第一林場、棉業改良場。二時上船，雪

雅再送上船，二時半開輪。

## 4月28日　星期日

　　午後六時到漢口，住太平洋飯店。王委員徵縈、朱員庭祜來見，同時何雪竹兄來談。王委員在農民銀行招待晚飯，各廳委均在坐。接見新聞記者。回拜何雪竹。

## 4月29日　星期一

　　上海銀行李桐村等來見。午後七時過江至武昌，拜會省主席張岳軍、行營主任張漢卿。又丁士杰、朱伯林、彭巨川請晚飯，擬明日乘張漢卿抱音飛機赴重慶，轉貴陽。

## 4月30日　星期二

　　晨五時起身，六時半到飛機場，七時半起飛，十時半到重慶，停一小時。十一時半再起飛，午後一時半到貴陽。同來有曹纕蘅、葉元龍、朱仲翔、張叔怡、梅光庾及巴、郭兩秘書，一行計八人。午後七時見蔣委員長，有陳布雷、陳自修在座。又吳稚輝先生現亦在筑，與余同住新生活旅社。

## 5 月 1 日　星期三

　　午後二時到省府就主席職，遂開第一次省務會議。午後四時率廳委謁見蔣委員長。又適張漢卿到筑，順便一談。午後五時與陳自修談話至八時半，此人頭惱清楚，後起之秀也。

## 5 月 2 日　星期四

　　民、財、教、建四廳長到廳接事。張漢卿來訪。

## 5 月 3 日　星期五

　　余與綏靖主任薛岳、總指揮陳誠在省黨部開茶會，招待黨政軍及各團體代表，余宣布制黔方針。到省政府辦公，仍回新生活旅社住宿。晚陳辭修（即陳誠）來暢談。午後省府開省務會議，通過關于財政案數件。

## 5 月 4 日　星期六

　　到省府辦公。仍回新生活旅社住宿。

## 5 月 5 日　星期日

　　到省府辦公。仍回新生活旅社住宿。晏道剛（號甸樵）來談剿匪情形。

## 5 月 6 日　星期一

　　上午十時，在省府大禮堂舉行本人及全體省委廳長行宣誓就職典禮，吳稚暉先生代表中央黨部監誓，蔣委員長代表中央政府監誓，頗為一時之盛。禮畢後，吳、

蔣等再到辦公室談話。本日午後由新生活旅社移住省府內之洋房，該房係前主席周希成先生建築，工程堅固。

## 5月7日　星期二

接見息烽縣長。午後二時，省府省務會議通過叔仁為貴州省政府駐京辦事處長。

## 5月8日　星期三

接見清鎮縣長楊化育。

## 5月9日　星期四

接見督察專員張篤倫，新由江西調來服務。介兄約晚飯，有吳稚暉及省府各廳委，並黨、軍各領袖，並談貴州預算及行政督察區域，又談時局危機，非團結無以謀出路。介兄極以為然，屬余負責與西南接洽。又午後接見貴州巨頭軍官猶國才（號用農）。

## 5月10日　星期五

上午接見縣長。午後三時半，介兄乘飛機赴雲南，余偕陳辭修到機場送行。午後五時第二路軍參謀長在新生活旅社設宴，招待本城黨、政、軍各領袖，余有簡單演說。又與陳布雷暢談。

## 5月11日　星期六

清晨回拜猶司令國才。朱委員仲翔起程回京。

## 5 月 12 日　星期日

接見中央通信社蕭慰民，並發表談話。接見廣西駐貴陽代表王哲漁、黃桂丹。余表示黔省決無軍事行動，至桂省特貨運輸照常辦理。

## 5 月 13 日　星期一

佛曉大雨，屋破不能寢，床帳均漏濕。午十二時在省府大禮堂做擴大記念週，由余報告，陳辭修演講。伊並宣布槍決犯兵六名，多係青年，殊為可惜，但為整頓軍規，又不不得不如此也。又接見新編師長聶光炎，午後六時財廳請晚飯，有地方老紳士數人在座。

## 5 月 14 日　星期二

上午開省府會議，通過行政督察專員區域，計分十一區，又議重要財政案。午後接見四川代表傅梅（號春初）及都勻縣長司繩慶。

## 5 月 15 日　星期三

上午接見四十七師長斐昌會（軍官第八期），山東人。又接見前廿五軍參謀長謝汝霖，擬委其為保安處參謀長，接見湖南代表朱俊榮（號滌寰）。午後五時偕叔怡、光庚城外散步。

## 5 月 16 日　星期四

清晨接見張、華、莫三專員，十時訪總指揮陳辭修，談貴陽中央紙幣問題，並談及軍事政治。此人頭惱

清楚，軍人中不可多得之才也。

## 5月17日　星期五

清晨省務會議，午後接見定、番、鎮、甯各縣長。陳總指揮辭修在綏靖公署約晚，有黨、軍各領袖在座。貴州政治向由武人主持，吏治毫無基礎，文化亦復落後，財政尤為棼亂，一切均從新布署。

## 5月18日　星期六

清晨接見貴陽法國教士藍士謙、譚尚德、石維藹，三人均能說中國話，均在中國二、三十年，做事之毅力于斯可見。午後五時請在貴陽黨部，與軍界領袖陳辭修、李次溫等晚餐。

## 5月19日　星期日

清晨回拜桂方駐黔代表王哲漁等，參觀高等法院、中央銀行。午後二時，貴陽巨紳袁廷泰等十三人在新生活旅社開歡晏會。遊黔靈山，該山為貴陽第一名山，風景甚佳。

## 5月20日　星期一

九時省記念週。顧墨三由漢口飛重慶，今日飛筑，余十二時半到平遠哨飛機場歡迎，二時飛到，遂偕顧等進城到總指揮部談話。晚七時顧偕陳辭修等來省府晤談。

## 5 月 21 日　星期二

上午九時開省府常會。介公有今日回貴陽之說，遂到飛機場歡迎。乃係辦事人先回，云介公午後可回，隨回省府。午後接見楊筱淇等。午後六時卅分，介公到平遠哨飛機場，余再到機場歡迎，隨進城至介公館略談。晚九時接見謝違民，伊新到此間。

## 5 月 22 日　星期三

上午十一時晤介兄，談下列三事：一、對桂和平問題無結果；二、決定十一位督察專員人選；三、省府內部問題。午二時介公飛重慶，余親去歡送，隨偕顧墨三、陳辭修同車進城，並看城外小飛機機場。

## 5 月 23 日　星期四

上午見客。下午到綏靖公署會議，駐黔陸軍軍官精神訓話事，余擔任演題為治軍與衛民。

## 5 月 24 日　星期五

清晨接見何師長知重。上午十時到西門外講武堂舊址，向軍官講話，計到各級軍官五百餘人。十一半回省府，午後接見桂方代表王哲漁，告以此間情形安定。三時開省務會議，通過財政案件甚多。又發表林雁峯為黔西縣長，廣東人，北京大學學生。

## 5 月 25 日　星期六

回拜天主堂法國教士。該教士等有在貴州四十年以

上者，亦有二、三十年以上者，其傳教之熱心與毅力，真可令人佩服者也。又回拜黔軍師長何知重。午後六時約顧墨三、陳辭修、韓楚珍便飯，飯後暢談余從前在西南各省之經過，不免有今夕之感也。

## 5月26日　星期日

休息。

## 5月27日　星期一

九時紀念週。曹廳長報告整理吏治方針。午後見天津大公報記者杜阜民，此人南開大學畢業，黔省大定人，少年有為。又接見湘黔邊區參謀長王伯勛，該部擬改編保安團，即以王為團長。又接見貴州老同志楊昌銘君（號伯釗），惟年事太大，而無新知識，殊難位置也。晚七時招待桂代表王哲漁、黃桂丹等。

## 5月28日　星期二

上午九時省府會議，通過取消鹽斤加價之包商制，以利平民。十一時到綏靖公署。陳辭修回重慶赴漢口，午後三時親到平遠哨飛機場送行。晚八時接見猶司令國才。

## 5月29日　星期三

上午接見軍委員會少將高級參謀朱為鈴（號映光），廣西，軍會參議李世祺亦為廣西桂平人。前派陶友苓代表赴湘，今日回黔報告湘省政情。午後六時，請

川湘代表及楊司令其昌便飯。接見貴州商會主席。

## 5 月 30 日　星期四

上午見客。下午接見綏靖公署參謀長等。

## 5 月 31 日　星期五

九時省務會議，通過專員兼縣長案，又關于教育財政案件，財、教兩廳長頗有爭執。午後接見郝軍長錫九。七時顧墨三約便飯，有郝軍長等在座，並與顧談及率民眾團體擬取銷周西成銅像事。以為貴州黨派複雜，政府應居超然地位，未便贊成一派，反對一派。對于取銷周之銅像，只有暫緩實行耳。民眾團體係新成立。

## 6月1日　星期六

中央銀行貴州分行今日行開幕典禮，余親往道賀。
回拜郝軍長錫九。法院院長請午飯，並參觀法院，房屋
破壞不堪。午後六時約郝軍長便飯，顧墨三、郭思演、
韓德勤、柳際明等作陪。晚飯後談近卅年來軍事政治之
變遷，頗有興趣，盡歡而散。

## 6月2日　星期日

準備明日保安處長及各行政專員行宣誓就職典禮之
訓辭。與葉、曹兩廳長研究今後出處，均主張在黔努
力，總要有相當成績，方不負黔民之希望也。

## 6月3日　星期一

上午九時舉行黨政軍聯合紀念週，由李次溫報告
後，接行貴州保安處長馮劍飛及十一區行政督察就職宣
誓典禮。由顧墨三代表蔣委員長監誓，並宣讀蔣親筆手
諭後，余致訓辭。計一區竇覺滄、二區唐茂宏、三區劉
千軍、四區莫雄、五區張篤倫、六區趙璞、七區聶洸、
八區華光、九區陶懋榛、十區董福開、十一區王鑄人。
午後六時約各專員便飯。建設廳長湛溪、委員牟貢三及
趙璞、聶洸二專員由渝飛抵貴陽，牟晚間來見。

## 6月4日　星期二

九時省府常務會議，建廳長諶湛溪、委員牟貢三均
初次出席，通過安南縣長趙德生、安龍縣長李鎮坤、三
合縣長何鴻書、貴陽縣長曾學孔。午後三時省府開談話

會，所有各廳委、各專員及保安處長均出席，討論清
鄉，編地方團隊實施辦法，又討論專員公署經費及教育
等事項。並切囑各專員，考核縣長應注意三點：（1）
有無嗜好；（2）操守如何；（3）能力如何。

## 6 月 5 日　星期三

今日端午節，各機關放暇一日。九時會李次溫、徐
健行，徐初由粵來。午後三時接見軍委員會少將參議楊
化中，伊係雲南人，中華革命黨老同志，此次由居覺生
介紹。又見柳儀（號韻譜），浙江人，中國公學大學
部文學士。午後四時赴綏靖公署晤顧主任，商議清鄉事
宜，並在伊處晚飯，暢談甚歡。

## 6 月 6 日　星期四

上午見客，並見張、莫、華三專員。貴陽俗語：
「地無三里平，人無三兩銀，天無三日晴。」但雨雖多
而無濕氣，因地勢高出海面四千尺之故也。又本地很少
肺病，天氣溫和，此時尚須穿棉衣，天然避暑地。余素
有胃病，不吃米飯已多年，現在每餐能吃米飯兩碗，真
正出乎意料之外。人皆以黔太苦，我並不覺苦，凡覺身
心俱安，誠貴州與吾有緣。

## 6 月 7 日　星期五

上午九時省務會議，關于教育經費獨立事，特推派
牟、諶兩委員研究。午後七時偕叔怡、纕蘅城外散步，
晚間牟委員貢三來談。

## 6月8日　星期六

上午八時，省城中小男女學校在南廠開體操運動會，推余任名譽會長。余演溝時間與紀律兩事，本定八時開會，因有學校遲到，至九時十五分始開會。時間代表信用，如不守時間即無信用，則一切事不能成。紀律者即禮也，若人無禮，必歸失敗。十一時在綏靖公署與顧主任召集黨、政、軍各領袖開綏靖會議，余與顧均有演講，即在綏署午飯。飯後偕牟貢三等到建設廳回看諶廳長。

## 6月9日　星期日

午後偕元龍、纘蕡遊東城外之觀音洞。午後六時與顧主任在綏靖公署設晏招待本城軍士紳王仁閣等十六人。

## 6月10日　星期一

清晨六時卅分到軍官補習班精神講話。八時遊覽東城照壁山，九時回府，十時見何鴻書、賀梓僑、周光斌等。午後沐浴。

## 6月11日　星期二

上午九時開會，通過周光斌羅甸縣長、賀梓僑織金縣長、張曾復大塘縣長。近日華北問題忽緊張，日軍已向我提八項要求，最重要者如平津駐軍盡數調開、劃平津為非戰區、取消華北各級黨部。我方為一時苟安，將分別屈受。晚七時顧主任偕韓參謀長來談日本交涉事，

余主張與日方根本上謀量解。

## 6 月 12 日　星期三

上午接見賓客。

## 6 月 13 日　星期四

清晨與纕蘅、元龍談話，以現在思想複雜，所以政治不能安定，我們應採實際主義。所謂實際者，不是維持現狀，乃是因時利導，對理論居十分之三，實際十分之七。上午九時顧墨三約談，因近日港粵謠傳粵桂聯合北犯，此等流言殊不足信，遂電桂方詢問情形。夜間大雷雨。

## 6 月 14 日　星期五

九時開省府會議，通過任命徐健行代理冊亨縣長，梅光庚代理貴定縣長。余此次所用縣長，以大學學生出身十之七，較在安徽所用之縣長進步多矣。十時接見第十區行政專員董福開，由滬經桂，初到貴陽，因病未能多談。夜間大雷雨。

## 6 月 15 日　星期六

上午九時訪顧主任墨三談時局。午後接見桂省駐黔代表王桂丹，據云廣西甚平靜，謠言不足信也。午後偕元龍、纕蘅野外散步。晚八時顧墨三偕韓德勤來談如何安定大局，因內政、外交均岌岌可危也。桂省張任民正式來電，否認有軍事行動，隨轉電介公。如一天雲霧忽

消散，而政客造謠真可恨也。

## 6月16日　星期日

上午偕纕蘅及鮑午橋遊覽城外風景。午後沐浴休息。白健生來電辟謠，內稱黔中謠傳，西南將有軍事行動，空谷來音，殊深駭異。當茲華北吃緊，外患日亟，協同禦侮，猶恐不勝，何至喪心病狂，自絕國人。並轉請黔省派員來桂偵察，不辨自明，所謂事實勝過雄辯也。

## 6月17日　星期一

九時記念週。葉廳長元龍報告教育計劃：1. 辦圖書館；2. 社會教育；3. 整頓中學、改良師範；4. 職業教育；5. 苗民教育。接見廖懷忠，談改編其所部。接見新委冊亨縣長徐建行。午後接見猶司令國才、吳師長劍平等。晚七時顧主任約便飯，有猶國才、郭恩演、吳劍平、甘麗泉、傅仲芳等軍、師長在座，並談清鄉等事宜。

## 6月18日　星期二

清晨與諶湛溪、葉元龍談國內教育界之袖領及其派別。九時省務會議通過馬仁生（號俠男）為大定縣長，謝矗民平舟縣長。午後接見中央民眾運動指導委員會總幹事胡星伯，安順人，日本留學生，少年老成，才尚可用。

## 6月19日　星期三

上午九時到綏靖公署晤顧墨三，商議收編廖懷忠所部收編事。接見舊部鄧云亭。接見清鎮縣長楊化育。接見新大塘縣長張曾復，勉以對人謙恭，對事穩健，張係金陵大學畢業。晚六時猶司令國才請便飯，有顧墨三等在座。中日問題雖暫告一段落，聞仍有擴大要求之企圖。

## 6月20日　星期四

清晨與元龍談經濟原理。午後接見鄒祖德。晚七時半顧墨三、韓楚珍來談廖懷忠所部改編事，又談中日問題仍在嚴重時間。

## 6月21日　星期五

九時省政府會議，通過鄒祖德為關嶺縣長，王錫方劍河縣長。接見第五十九師長韓漢英，此人年力富強，精明強幹，前途未可量也。蔣委員長來電，李財政廳長另有任用，遺缺以王委員徵鎣接充。未到任前，派葉教育廳長元龍暫行兼代。

## 6月22日　星期六

上午十時，偕顧墨三、韓楚珍等數人由城起身，十二時到修文縣之陽明洞，即王陽明先生讀書之所，覺悟良知之學也。修文縣即古龍場驛，洞側有古柏二株，相傳係陽明先生手植。午後二時半回，五時半到城。適浙建設廳長曾養甫等到此，隨在綏靖公署暢談，並送伊

新生活旅社住宿。曾係奉蔣委員長命來黔，幫同築路。

## 6月23日　星期日

上午接見李軍長云杰（號俊三）、陳師長光中（號貴三），又曾養甫、顧墨三、韓楚珍來談，並留午飯。午後與曾、顧及郝軍長等開會，討論整理川黔公路事宜。晚七時在綏靖公署與顧公請曾養甫、各軍師旅長及省府各廳長、委員作陪，賓主盡歡而散。建設廳長諶湛溪因財廳長李仲公下野，諶亦辭職，緣諶係李仲公推薦。

## 6月24日　星期一

清晨接見中央銀行稽核處副處長林天吉，綏署高級參謀羅為雄（號鳴白），廣東人。九時記念週，由保安處長報告最近工作情形。午後曾養甫來談時局，並挽留諶廳長事。少頃顧主任、韓參謀長亦來談，並一同城外散步，回省府晚飯，飯後暢談中國文化。

## 6月25日　星期二

省府會議通過財政案數件，將鹽務總局及特貨統捐總局，一律取銷，歸財廳辦理，每年可少去財務費四十餘萬元。曾養甫偕諶湛溪來，余勸諶勿辭職，諶首肯。諶腦筋簡單，真正工程師之性質也。晚七時農民銀行請便飯，發表丁尚固台拱縣長。

## 6 月 26 日　星期三

　　清晨接見賓客，大概多係各方介紹來任縣長者。午後六時，廖懷忠、朱心樵、廖澤南便飯，談改編該部事，無結果，派保安處參謀長謝沛生代表接洽。

## 6 月 27 日　星期四

　　接見新台拱縣長丁尚固等。午後八時訪顧主任墨三，談廖懷忠改編，又談王力航等任縣長事。因綏署意見太多，王等縣長只得暫緩發表。

## 6 月 28 日　星期五

　　九時省府會議，通過吳和生都勻縣長、殷之傑爐山縣，及改委盤縣等縣長，通過教育經費獨立案。接見王專員鑄人、劉專員千俊。晚六時，設席招待何師長知重及電報局長、中央銀行、農民銀行各經理及王、劉各專員。

## 6 月 29 日　星期六

　　接見專員竇覺倉等。午後曾養甫來談，適顧墨三、韓德勤亦來。隨一同外出散步，留晚飯，暢談時局危急，彼此嘆惜。又清晨接見王力航（號揆一），耒陽人，向在綏靖公署辦事，因與同事有意見，隨辭職。此人少年有為，前途未可限量，隨送旅費三百元，伊武漢大學畢業。

## 6月30日　星期日

梅光庾今晨赴貴定接縣長事。晚八時顧主任偕韓、柳兩參謀【後缺】。

## 7月1日　星期一

九時記念週。葉兼財廳長報告最近財政情形。牟委員將回故里一行，諶廳長將赴黔東察看公路，特將明日省府常會提前于本日午後三時開會。通過檢定縣長條例及廿四年度全省預算，此二案皆為黔省政治根本要圖，又通過謝離午天柱縣長，黎純一修文縣長。午後四時到綏靖公署，偕墨三、楚珍、曾養甫遊黔靈山，回省府晚飯。又黔軍柏師長輝章來見。

## 7月2日　星期二

上午接見王專員及來客數人。

## 7月3日　星期三

接見前教育廳長陳廷綱（卅九歲，北京高等師範畢業），係陳立夫介紹，因無相當位置，擬委縣長。接見前貴陽公安局長王天錫（號純武）。接見楊司令其昌、李旅長可達，李長于剿匪。午後偕顧墨三、曾養甫、韓德勤城外遊山，一同回省府晚飯。蔣復電贊成以蔣德勤補李仲公省委遺缺。

## 7月4日　星期四

接見天柱縣長謝離午。接見桂軍第七軍藍球隊代表林中奇、吳邦政。午後偕顧、曾、韓遊東門外之東山，貴陽四面皆山，而東山居其中。既可覽全城形勢，又可覽四山風景，誠貴陽風景中之第一風景也。至七時，同回城晚飯。

## 7月5日　星期五

接見爐山縣長殷之傑。黎平專員董福開見面，辭行赴任獨山專員。王葆齋來暢談，並辭行回任。讀胡林翼書牘內有致黔布政司保韓超書，尤有精采，其認人之真，說話之誠，殊少見也。

## 7月6日　星期六

接見盤江專員劉千俊，辭行赴任。

## 7月7日　星期日

接見張益勤、王文錕、鄒覺、柏毓村等。張係日本帝國大學畢業，曾任內政部參事，此次由張道藩介紹。因無特別位置，伊願任縣長，為地方服務。午後偕顧墨三、韓楚珍、曾養甫遊覽東門外仙人洞，有大小洞數個，皆在絕壁之中。余由懸岩小徑而上，形勢異常奇險，可稱貴陽第一奇景也。又遊水口寺，依山臨水，風景亦佳。

## 7月8日　星期一

九時省府記念週，元龍演講經濟建設。方叔姪及周崑田君昨日到筑，今晨接見周君，此人新舊學問，均有相當根底，擬委為秘書，以資幫助。午後到公園球場，參觀第七軍藍球隊與新生活球隊之運動。新生活球隊即此間軍隊所組織，緣近來謠言甚多，以此聯絡感情，又可安定人心。與顧墨三、曾養甫會商修整公路，隨共同電行營及各路負責人員切實進行。

## 7月9日　星期二

上午曾養甫、顧墨三、韓楚珍來省府。顧云接何敬之來電，日本人要求蔣委員長親自與日本大員見面，解決中日根本問題，託顧電蔣速行。顧詢余意見，余隨電蔣主張先團結內部，自動改善本黨，及改組中央政府政府，方可與日本談判。顧電蔣主張有辦法方可與日本見面。留午飯。又猶國才電，云何知重師不願即時開往四川，託余調停。余將此電轉綏署。

## 7月10日　星期三

上午八時會桂方駐黔代表王哲漁（新由兩廣回），帶來白健生親筆函，擬與余見面。余以為時期未至，婉辭復之。得桂林來電，湘君祖母于一日病故，湘君生前最記念者祖母，果湘君存在，不知如何傷心。擬匯廣西毫洋五百元，作為奠儀，聊表心意，及安湘君在天之靈。晚間接見保安處馮處長，談更換女學校長風潮事。

## 7月11日　星期四

此次省府預算，對于建設教育之事業費約居全預算三分之一。所以如此，因貴州過去政治太落後，擬積極改良推進。最近貴陽女子中學校長迭請辭職，挽留無效。教廳委派校長，而教職員指使學生，公然反對，殊屬不合。余意如不服從命，嚴守紀律，定予停辦。經保安處長馮劍飛、公安局長蕭樹經二日之勸導，該教職員等忽然覺悟，風潮隨平。總之吾人愛護黔省青年，不得不切實整頓耳。

## 7月12日　星期五

九時省府常務會議，新省委韓德勤第一次出席會議，通過譚鼎勛都江縣長、黃漢雄貞豐縣長、馬政修湄潭縣長，省溪縣長王公治調玉屏，遺缺委雷甫青接充。女子中學今日仍罷課、發傳單，無理要求，政府忍無可忍，祇得下令停辦整理，函各家長將各生領回管教。如不如此，實愧對黔省青年。

## 7月13日　星期六

接見金章。此人桐梓人，曾任遵義縣三年，政聲尚佳。此次由牟貢三介紹，仍擬任縣長。午後到綏署晤顧主任，談何知重師風潮事，並會商派韓德勤代表赴邕弔桂參謀長葉翠微兄。葉墜馬斃命。

## 7月14日　星期日

上午休息。下午與李家緯談做人道理。此人極明敏，雖文忠公之堂姪孫，衣食豐富，能隨余來此吃苦，真正難得。天植姪發表安徽省立圖書館長，余極歡慰。此子係余多年教育，至此總算成人。回憶天幹大學畢業未久，忽而去世，殊可悲也。隨去電天植以要少政客舉動，多學者態度等語勉之。

## 7月15日　星期一

九時記念，張秘書長報告救災經過。接見新遵義司縣長，新貞豐黃縣長。午後接見猶司令國才，談何師出發，四川風潮事大約不致擴大。又接見第百〇二師長柏

輝章，及新編第八師長蔣在珍（號丕緒）。蔣尚英武，
現駐正安一帶，給養困難。

## 7月16日　星期二

九時省府常務會議，通過金章綏陽縣長及省府顧問
參議薪水案。午後接見桂林龍鳴皋君。此人與余素熟，
係季文、德鄰同鄉友人。此次本擬委龍為荔波縣長，而
德鄰來電保雲駢充任，只得送龍旅費二百元，了此心願
而已，亦可說龍之官運不通耳。

## 7月17日　星期三

接見新貴陽地方法院首席檢察官蕭偉（號坦白，江
西人）、新貴州電政管理局長張忍（號振作）。又見新
都江縣長譚鼎勛、新普定縣長張益勤、新湄潭縣長馬政
修、新省溪縣長雷輔青。午後接見赤水、安順、黔西、
遵義等四縣新委之公安局長，又見八寨縣長滕剛。又見
省黨部委員。

## 7月18日　星期四

上午寫家信。

## 7月19日　星期五

四川劉運使早飯後，即起身赴飛機場回重慶，特派
鮑參事送行。聞李仲公亦于是時乘飛機離筑回京。李此
次任財廳，無結果而去，余實無絲毫成見，問心實無
虧。九時省府開會，通過甘乃柏水城縣長。又白健生來

電，共匪既竄川、康，桂軍駐在黔南各部除留少數維持
交通外，餘均撤回桂。如此黔、桂和平益增鞏固，可為
兩省人民慶。

## 7月20日　星期六

接見新委赤水縣長陳廷綱與纕蘅，談處世及為政之
大道。

## 7月21日　星期日

殷甸樵午後由成都飛到貴陽，隨在綏署見面。伊此
次係代表蔣委員長赴邕弔桂軍總參長葉棋喪，省府及綏
署擬推韓委員德勤一同前往。即在綏署晚飯，適上官雲
相及郝軍長、何師長亦到綏署共餐。諶建設廳長由黔東
查勘工路回省。

## 7月22日　星期一

清晨到綏靖公署談時局。午，殷甸樵、韓德勤飛
桂。上官總指揮來訪。何知重此次赴川有一部判變，約
二千人，經長寨向東竄，綏署主痛剿。接新綏陽縣長金
章、新水城縣長甘乃柏。

## 7月23日　星期二

午前省府會議。新財廳王徵縈由重慶乘飛機到貴
陽，因勞動身體不適。午後接見北平軍分會參議何朝
宗，北京大學畢業，精明強幹，正是有為之時。晚七時
設席招待上官雲相總指揮及顧主任、郝軍長，及省府各

廳長、委員。又上午訪曾養甫,並看伊病。回拜上官雲相。

## 7 月 24 日　星期三

上午接見劉介忱。此人日本明治大學畢業,年四十餘,頭腦清楚,現任民眾日報社社長,有為之才。又接見邵作民,此人身體強健,現任第二路前敵總指揮部副官處長,督修黔公路工程。又接見一百○三師參謀長王光漢(號雨膏)。又接見新省溪縣長雷輔青等。畢節專員莫雄來見,並報告清鄉事宜。

## 7 月 25 日　星期四

接見楊司令其昌。到農民銀行看新財廳長王惜寸兄病,此人年事稍長,不慣飛機之勞頓。省委員周銘久、朱仲翔午後六時半到省,即下榻省府。周名恭壽,都勻人,清舉人,曾任黔教育廳長。朱君帶來馴叔、申叔、大弟三人最近照片,閱之非常歡喜。得滬電,敬叔高中畢業,會考及格,尤為歡喜。

## 7 月 26 日　星期五

上午九時省府會議。新財廳長王惜寸、新委員周恭壽均出席,共計九委員,只缺韓委員一人,此為省府成立以來第一次之最多數出席。通過劉明敏鎮甯縣長(即介忱),又通過吳鴻基仁懷縣長、朱應樽清溪縣長。午後接見五十九師韓漢英。晚飯後,偕光庾、國書城外散步。

## 7月27日　星期六

午後七時在中央銀行設席招待顧主任、上官總指揮、韓、傅、何、蔣各師長，省府各廳長、委員，所謂軍政聯歡也。又午後將住樓下之辦公室移至省府正屋。因該屋年久失修，破壞不堪，初到此間，財政困難，無從頓理，故不得不在樓下臨時辦公。遲至現在，免強修理，亦只得免強辦公耳。

## 7月28日　星期日

上午八時接見桂方代王哲漁，談剿何知重所部變兵士。午後一時牟委員貢三在黔靈山請酒，有軍政各同人在坐，並遊覽山景。又上午回看唐老先生恭石（年八十五，名人唐鄂生之子），順訪唐醒悟，纘蘅、家緯二人同去。

## 7月29日　星期一

上午九時省府記念週。曹廳長報告檢定縣長、辦理保甲等情形。發家信。省署花園散步，與周銘久談時事，談貴州過去人物。平舟縣長謝羶民因變兵過境，避住獨山。如此離職殊屬不成事體，只因係季文內弟，又以桂方政治關係，未能依法辦理，余心實不安也。

## 7月30日　星期二

九時省政府常會。接見唐醒悟先生，此人年七十矣，精神甚佳。午後前鎮遠長張志清。

## 7月31日　星期三

　　接見陳衡山先生（八十五歲）、聶尊吾、王蔬農兩先生（二人均七十以上），現均聘請擔任通志館事。上官云相、顧墨三、曾養甫來談，留午飯。余因昨晚吃花紅過多，又因貪涼，忽患腹瀉並發熱，將成痢疾，請樂景武診治。

　　凡做人做事，以及政治、經濟、思想上之失敗，皆因看不準輕、重、緩、急、或太過、或不及，現在國家之紛亂，其總因皆在于此。余素主中庸之道，所謂中庸者，並非是平凡，亦非是淺俗，亦非消極。如程子說：「不偏之謂中，不易之謂庸，中者，天下之大本，庸者，天下之定理。」中，就是不偏不倚，無過，無不及。庸就是經常也，可作經常應用意義解。亦可說中為體，即是德也，庸為用，即是道也。如引中庸之道，則家可興，國可強，其他社會種種問題，均可迎刃而解。故余將犬兒取名庸叔，即表示注重中庸之道，願吳氏子孫共勉之。

## 8月1日　星期四

昨夜痢疾加重，痛苦非常。夜三時請樂醫診治，隨打針及洗腹，痛仍難止，每一小時約瀉二、三次，均係紅白色。午後再請樂醫診治，痛稍止。此皆因不戒于食之故也。

## 8月2日　星期五

昨夜仍不能寢，請樂醫診治，現熱度稍低。交通部俞次長由重慶來此查看交通，特偕顧、曾等來看余病，勉與談話數分鐘。

## 8月3日　星期六

昨夜肚仍痛，惟熱度大退，請醫打止痢針。

## 8月4日　星期日

今日大有進步。午後打針，可以吃米湯。得蘇州電，大弟出丹痧。

## 8月5日　星期一

可以下床，午後打針。晚間以余名義，設席招待俞次長樵峯等。

## 8月6日　星期二

晏主任甸樵、韓省委德勤昨晚由桂回筑，今晨來見，報告與桂當局接洽情形。桂方請求將黔、湘兩省之一歸其綏靖，此等主張余兩月前曾向介公進言，未得要

領，此次如能見諸事實，乃大局之幸。晏本日回城都，
余致介親筆函促其贊成。又俞次長今日回重慶。

## 8月7日　星期三

休息。省府花園內有紫薇花二株，詢諸貴陽人士，
均不知何年種植。其東一大株者，高出鷗表，以余觀
之，總在四百年以上，其西一小株者，亦在二百年矣。
此樹歷年已久，閱人多矣，吾儕碌碌風塵，忽來忽去，
于國于家究不知如何。歸結見樹生情，感慨良多。

## 8月8日　星期四

休息。近日紫薇正在開花，爛慢可愛。每于冷落衙
齋，得以麗目，亦足破除岑寂。憶蘇州寓中亦有紫薇八
株（二白六紅），皆余三、五年前親手種植。現當開放
之時，惜余未克親賞耳。汪精衛辭行政院長，南京內部
意見紛紛，而外交與經濟均到萬分困難之時，正不知何
以善其後也。

## 8月9日　星期五

九時省府會，全體委員出席。此為省府成立第一次
之盛舉，特拍照以留紀念。午後接見鄭子獻，係桐城
人，軍官出身，段運愷介紹來黔工作。蔣委員長擬在峨
眉山開辦暑期訓練班，本省民、教兩廳長及各專員，及
民政方面公安人員，教育方面校長、教育局長，指定
三百人，大約只能派出一百三、四十人而已。

## 8月10日　星期六

上午接見民廳視察韓漢藩，廣東文昌人，日本留學生，韓師長漢英之胞弟也。見周佛生，合肥人，係龔鎮洲介紹，現民廳委伊為遠口分縣長。見新松濤縣長張志清。見傅逸生，浙江人，航空專家，曾在法國留學。午後一時接見猶司令國才，談清鄉事宜。敬叔姪來函，高中畢業會考及格，聞之非常歡喜，並勉以勿得因此而矯而惰。

## 8月11日　星期日

上午八時偕周委員銘九、朱委員仲翔、曹廳長乘轎出南門。過浮玉橋，登甲秀樓。該樓在鰲磯石上，內有清雍正鄂西林紀功鐵柱，及嘉慶時所建鄂輝、馮光熊紀念鐵柱。午後到綏靖公署，與顧主任談清鄉及整理公路事宜。日前冀第一保公總隊長劉佐周遭暗殺，並傷日人，因此日方捕押專員陶尚銘，提出條件，陳兵欲試，時局又將嚴重。

## 8月12日　星期一

九時省府紀念週，由周委員銘九報告貴陽名勝。接見黃元操（號堯承），安順人，國會議員，尚有操節，現任安順府志局局長。隨聘黃為省府顧問。

## 8月13日　星期二

九時省府政會議，全體委員出席，通過辦理報銷案。接見桂代表王哲漁。警備司令郭思演談黔靈山新村

事。午後接見新委參事鄭子獻，現派伊為駐渝通訊員。又顧墨三來談。

## 8 月 14 日　星期三

上午接見檢定合格縣長郭建猷（號子喜）、魯士豪（號伯羣）。午後接見桐梓專員甘芳（號濟滄），雲南人。又見省府顧問王謨、省府參議張朝昇。又見高美南，此人周銘久介紹，擬任縣長。今晨早起受涼，精神不振，稍有熱度。至晚六時，胃氣痛十分困苦，請牟委員貢三用中藥診治，至夜稍愈。

## 8 月 15 日　星期四

清晨見陶濟羣，江西武甯人，現任第八區保安副司令，擬委暫代龍里縣長。又上午十時顧墨三、韓楚珍等來看余病，再請貢三復診，較昨晚大有進步。午後又見常振穎，此人安徽阜陽人，余任安徽主席時，曾委任天長縣長，年力富強，正是做事時期。

## 8 月 16 日　星期五

汪精衛辭職後，即赴青島修養。蔣介石委員長昨日由峨眉山回京，約汪到京見面，對于時局當可得一結果也。本日省府會議，因余病後尚須修養，故暫停開會。昨日發表張亞威為黔省駐桂常川代表，將來兩省感情必更有進步也。

## 8月17日　星期六

此次痢疾及胃病，近日難愈。但身體軟弱，尚須數日休養也。

## 8月18日　星期日

休息。晚間接見專員王鑄人。

## 8月19日　星期一

今日精神較佳，到辦公室辦公，未能出席記念週。午後接見專員竇覺倉、莫雄、黔西縣長林雁峰、大定縣長馬仁生。

## 8月20日　星期二

九時省府會議，通過郭建猷永從縣長，又麻江縣周玉麟調榕江縣長。午後接見專員華洸、趙璞、聶光、董群甫等。行營公路處長曾養甫查看黔東公路，昨日回省。午後來談，留晚飯。

## 8月21日　星期三

見安伯英，係友人安順卿之姪，安順土司。又見保澤倉。晚招待各專員，並顧墨三、曾養甫，順便談公路。

## 8月22日　星期四

上午接見蔣劍農，係陳果夫介紹。見花金聘，係朱紹良介紹。見李駿、潘超世，係馮劍飛介紹，李人頗英

武，大有可為。又見前平越縣長拓澤忠，此人頭腦清楚。十時到新生活旅社，訪曾養甫。

## 8 月 23 日　星期五

九時省府常務會議，通過派朱委員庭祜為地質調查所主任。十一時接見各行政督察專員，談各縣保安團隊經費。有主張穀擔捐者，余恐騷擾，主慎重。午後曾養甫來談，同往綏署訪顧主任，談治安及修路經費。偕顧、曾等到城外飛機場散步，回綏署晚飯，暢談余遊歷世界之經過。至九時半回，再見王專員保齋。

## 8 月 24 日　星期六

接見福特汽車公司代表美國人連狄師及該公司香港代表李羅澤。又曾養甫來辭行，擬今日飛昆明視察。又見商會代表等。汪院長精衛前次辭職赴青島養病，經蔣委員長親到南京慰留，已于昨日復職，蔣于昨日飛回成都。如是則此次政潮可告一段落。

## 8 月 25 日　星期日

上午七時半福特汽車公司代表約在汽車前照相，留為記念。纕蘅、元龍，及保安處長及行政督察專員四人，于上午十時赴飛機場，乘機飛重慶，轉峨眉山，受暑期軍訓，約一個月回黔。

## 8 月 26 日　星期一

省府記念週，王財廳長報告最近財政情形。湘君胞

兄羅榮生偕其滿姑母來筑，說伊家困苦，余當酌予接
濟。囑其早日回桂，並擬將榮生介紹至獨山魯書稅局內
辦一小事，因其才具甚短也。

## 8月27日　星期二

　　本日孔子誕，清早四時起身，即赴孔廟。五時開
祭，由余主祭，所轄文武官吏全到，頗集一時之盛。孔
子學說，重在勸人各安天命，各盡其責，如修身、齊
家、治國、平天下，為做人做事唯一之原則。其精神在
倫理，而中庸之道，尤為孔教之接晶也。

## 8月28日　星期三

　　上午接見賓客。午後顧墨三來談公路並時局。關于
蔣桂合作，據晏甸樵來電云頗有進步。

## 8月29日　星期四

　　接見楊元楨（號幹之），周西成主黔時之民政廳
長。又接見馮光模，前玉屏縣長，係上海法政大學畢
業，年少有為。又見徐衛璜、柏均明等。柏係柏輝章之
胞弟。晚間約劉永懋談法律，劉係東吳大學法科畢業，
現任省府秘書兼法治宣主任。昨晚吹風，今晨感冒，身
體大如前矣。

## 8月30日　星期五

　　省府常務會議。迭接桂方來電主張和平，余將各電
轉蔣委員長，果成事實，國家民族之幸也。晚八時桂方

禁煙局長陳傑夫來談特稅事宜，因行營將統制特稅，與
桂方不無影響也。

## 8 月 31 日　星期六

　　李德鄰來電請余赴川見蔣，促精誠團結，共赴國
難。余痢疾初愈，近復感冒，又因曹、葉兩廳長赴峨眉
山受暑政訓，故暫時不克前往。適顧主任墨三奉召赴
川，所有一切情形託其代達。本晚特赴顧處暢談，並在
伊處晚飯。

## 9月1日　星期日

　　午後偕昆田、國書飛機場散步，並登附近小山。又至農事試驗場參觀，破敗不堪，真是有名無實。吾人曾以安徽農場未能完備，若與此間比較，不可同年而語也。晚間與昆田、國書談處世道理及吾家過去之經過。

## 9月2日　星期一

　　九時紀念週，牟委員貢三演講王陽明致良知、知行合一，並說明致良知係發源大學。十時見客。午後七時設晏招待桂代表陳傑夫、王哲漁、黃桂丹，由顧墨三、韓楚珍、上官雲相及財、建兩廳長作陪，並與該代表等討論兩省特貨及交通等事宜。

## 9月3日　星期二

　　今日省府常會因無特別案件，故停開。顧墨三擬今日飛蓉轉峨眉山，余十時到綏署送行，以天氣不佳，未能起飛，即在該署午飯。午後三時見黃平中學校長王天敏，此人由南開畢業，再赴美國留學。又見前公路長熊傑。晚七時設晏招待周西臣時代之民廳長楊元禎，請周銘久、牟貢三等作陪。

## 9月4日　星期三

　　接見董福開、莫雄兩專員。午後六時設席招待黨部指導專員李次溫君。李係中央委員，日內將赴京出席六中全會，並約黨指委周得時、陳惕廬、袁慕莘、牟希禹等作陪。近日傷風仍未愈，忽又咳喇，自痢疾以後，體

氣大不如前也。

## 9月5日　星期四

上午九時省府常務會議。午後二時到公安局長蕭樹經家，為其父子才點主。此種古喪禮，在貴陽尚盛行也。晚間約劉永懋講民法。又午後四時接見師長韓漢英，談羅甸剿匪事宜。

## 9月6日　星期五

今日為貴州全省運動大會，此乃第一次之創舉也。余為會長，特親往南場舉行開會典禮，秩序甚佳。午後接見甕安新縣長張賡良，又見韓競民，此人日本高工畢業。至四時胃氣痛復發，請牟貢三診治，晚間稍愈。最近忽而傷風，忽而胃痛，皆因痢疾後未復原之故也。

## 9月7日　星期六

咳嗽未愈，熱度已減。桂代表陳傑夫擬本日返邕，只得帶病接見。

## 9月8日　星期日

咳嗽如常，熱度大減，仍請牟貢三診治。韓委員德勤來談各方軍近情。

## 9月9日　星期一

雖在病中，但仍讀曾文正公年譜。感覺此公成斯大業，其唯一要旨在清、慎、勤三字而已，吾人當以為表

率也。咳嗽仍未已，再請牟先生診治。

## 9月10日　星期二

咳雖少愈，痰仍多，再請牟貢三先生診治。因余病，本日省府常會停開。午後王財廳長來，請電蔣委員長委江慶餘為黔省禁煙督察分處會計長。江係江鏡清之子，與余及蔣、王均係友好。江，奉化人，日本帝國大學畢業。

## 9月11日　星期三

咳嗽未愈，仍請牟先生診治。

## 9月12日　星期四

今日中係秋節，因病仍不能外出見客，再請牟先生醫咳嗽。上午大太陽，午飯著單衣而流汗，午後二時忽來急風暴雨，頃刻轉涼，可著棉衣，尚覺微寒。其上下午氣候相差約二十五度，變化之速，實有出人意所不及者，可不慎哉。

## 9月13日　星期五

九時省府會議，研究各縣保安隊經費事。接見陳振海君，交財廳任用。見大塘縣張曾復。見劉天德，劉係叔雅之胞弟。曹廳長由川回黔，談峨眉軍訓情形，並談及蔣桂合作，時機尚未成熟。

## 9 月 14 日　星期六

上午接見洪履之，此人係二期同學。又見警備司令郭思演、師長甘麗初。自昨日改食白松糖漿後，咳嗽漸愈。

## 9 月 15 日　星期日

上午回看郭思演，暢談政治軍事，余力主中庸之道為一切事成功之基礎。適韓師長漢英、李專員次溫亦在坐。午後偕昆田、國書野外散步，登小山少坐。此為余病後，第一次出遊也。

## 9 月 16 日　星期一

上午省府紀念週，及發給全省運動會贈品，並閉幕典禮。余因身體尚未復原，未能親自出席。午後接見顏文光，此人朝陽大學畢業，現在五九師特別黨部辦事，少年有為。

## 9 月 17 日　星期二

省府常會因議案不多，故停開。接見韓師長漢英。

## 9 月 18 日　星期三

與昆田研究中庸。接見華仁醫院院長湯鑫銘，華係合肥人，一個外省人在此創立立醫院，真毅力過人也。

## 9 月 19 日　星期四

上午仍研究中庸。午後偕昆田、國書到圖雲關，參

觀省立苗圃。地方風景甚佳，殊欠整理，未免可惜。

## 9月20日　星期五

　　上午見魏經略，此人北平朝陽大學畢業，少年有為。午後見四川代表傅春初，伊表示劉主席對余情感，及黔、川兩省之關係。又見禁煙督察貴州分處長蕭覺天，談二小時之久。蕭初到此間，情形不熟，與財廳長頗多誤會，經余解釋明白，忽而貫通。又省府常務會議，通過冊亨縣長徐健行調開陽縣長。

## 9月21日　星期六

　　上午接見吳師長劍平，談安順等處清鄉事宜。午後偕昆田、國書參觀中山紀念林場及初級職業學校，該校原係蠶桑學校故址，曾經本省猶、王之戰，將校舍焚毀，荒廢數年矣，今次從新灰復。又該校間壁關帝廟亦破壞不堪，當囑該校一同修理。

## 9月22日　星期日

　　午後二時照六寸半身相。三時偕纕蘅、昆田、國書至圖雲關南遊山，並至顧家墳山參觀，即此間人士所謂九子十翰林之祖墳，就是顧家九子一女婿均得科第。晚六時設席招待吳師長建平及省府新編保安團王、陳二團長，並請綏署韓、柳兩參謀長等作陪。

## 9月23日　星期一

　　上午九時紀念週。十時接見呂春榮，此人初在粵軍

任連長，後升至師長，余在粵軍擔任總指揮，曾歸指揮作戰，現因失業特來求工作。余與伊不見面已十五年矣。午後仍與昆田研究中庸。晚六時設席招待禁煙督察分處長蕭覺天，約廳長、委員作陪，並研究此後禁煙辦法，結果甚佳。

## 9 月 24 日　星期二

九時省府會議撤換長寨、廣順兩縣長，並通過整理貴陽附近各名勝。

## 9 月 25 日　星期三

會韓師長漢英。會冊亨新縣長羅駿超。午後接省黨部委員劉祖純、黃國楨（號幹民）。研究中庸，並擬手函與諸姪，要以中庸之道為讀書、做人、做事之一切基礎，至治國、平天下，亦在于此。如離開中庸之道，則一切物理均不能成。

## 9 月 26 日　星期四

見向乃祺（號北翔），前在安徽貴池任行政專員，此次特請其來黔任縣政人員訓練所訓育主任。

## 9 月 27 日　星期五

接見新長寨縣長李靜生，係甘師長保薦。李初任縣長，而閱歷太淺，惟應付環境，不得不如此也，於心實有未安耳。午後偕鮑午橋城外散步，並至職業學校。晚間韓楚珍來談，伊擬明日飛渝接顧墨三。纏蕢連日生

病，熱度甚高。

## 9月28日　星期六

清晨會黨部李專員次溫，談各縣黨部經費事。此項黨費向由地方自籌，異常紛擾，現擬先行調查狀況，再定辦法。午後接見一百廿一師參謀長張寄春，又見洪履之，委其為凱里分縣長，係爐山縣所屬。

## 9月29日　星期日

午後偕昆田、國書野外散步。

## 9月30日　星期一

上午九時省府紀念週，由建設廳諶廳長，報告林場近況及最近植樹情形，又公路情形。隨偕同各廳委，視察林場，並計劃整理。接見桂代表王哲漁。

## 10月1日 星期二

九時省府會議，通過議案多件。義大利與亞比西尼亞利害衝突，各走極端，英法似將聯合對義，二次世界大戰或從此開始矣。

## 10月2日 星期三

近日身體大好，飲食復原。顧墨三將調任重慶行營主任，內定以余代理黔綏靖主任。余因脫離軍隊生涯十四、五年矣，不願再管軍事，只得設法婉辭。

## 10月3日 星期四

接見第一百廿一師前參謀長羅慶輝。見陳養初，此人日留學生，現在興義辦捐稅。晚間與韓楚珍談貴州軍事，並託伊赴蓉之便，代辭代綏靖主任，又另電顧墨三託說項。近日天雨，飛機停航，如明日天晴，韓或可起飛。

## 10月4日 星期五

上午偕纕蘅、銘久視察省會公安局、省立醫院。公安局內部整齊清潔，大改舊觀，省立醫院，年久失修，現正積極整理。倫敦及亞京三日路透電，義大利與亞比西尼亞之戰爭，業已發作。日本、中國關係，必更緊張。近日漢口警備隊，因某種問題，與日方發生誤會，正在嚴重交涉中。午後偕昆田、國書圖雲關散步。

## 10月5日　星期六

接見建廳秘書陳兆錕、技正兼科長陳文祥、科長黃理中、秘書諶志篤。午後見六十三師長陳光中及參謀長李仲任，該師紀律嚴明，陳師吃苦耐勞，現奉調回湘，于黔省清鄉稍有影響耳。六時設席招待王汝密、向北翔，由牟、朱、曹、周諸委員作陪。汝密係清朝進士，四川人，係牟、周兩委員介紹來見。

## 10月6日　星期日

清晨偕纘蕎訪黨部李專員次溫。蔣委員長昨日來電，約于十一月十二日，國黨五次代表大會前到京見面，並囑以私人名義約王揖唐南下。午後韓委員德勤來談全國軍事情形，並各將領之優劣。

## 10月7日　星期一

九時省府記念週，由教育廳何秘書報告最近教育狀況。二姪和衷未受學校教育，失業已久，余特酌予津貼，伊有函道謝。隨將原函批回，其詞如下：「人生在世，唯一條件，要勞動纔有飯吃。我的接濟是暫時性質，萬不能長久的，你要以自己精力，自謀生路。否則自誤不足惜，其如遺誤妻子何？望勉之。」晚七時設席招待六十三師陳師長光中及該師參謀長，由中央銀行彭經理等作陪。

## 10月8日　星期二

九時省府常會。行營正式來電，以余代理駐黔綏靖

主任。余因脫離軍界已久，未便擔任，去電堅辭，請另
簡賢能，但在新任未到之先，對于綏署重要事件，當隨
時照料。午後四時到教育廳視察，並與各科長、秘書談
話。今午後天晴，韓委員楚箴起程飛川。伊現調任四川
行營辦公處處長，請辭委員，未便照准。伊至機場後，
天忽落雨，飛機未至，又空走一躺。

## 10 月 9 日　星期三

午後綏署參謀長柳善送文電來批閱。接見禁煙分處
長蕭覺天，又見桂代表王哲漁。蔣孝先函介竺喬來見，
竺（號清淵）現在財廳任科員，人尚精明。

## 10 月 10 日　星期四

午後二時在新生活禮堂舉行貴陽第一次集團結婚典
禮，由余證婚，頗為一時盛。又到公園參觀國術表演，
參觀展覽會。

## 10 月 11 日　星期五

綏靖主任雖未允就，但在新任未到之先，應就近照
料。故于今晨十時到綏署接見各職員，訓以照常辦公，
並視察各處辦公室，頗為整齊。省府常務會議，通過省
溪縣長雷輔青調岑鞏縣長，以王三晉接省溪。午十二
時，六十三師陳師長光中在中央銀行請午飯。午後接見
韓漢英、王慶芳、李大文等，李（號冠周）巢縣人。

## 10月12日　星期六

　　到黔半載，尚未赴各處視察。今早八時離省，經清鎮直駛安順，沿路稻畦相連，一片黃色。正午至安順，猶司令用儂等率各界民眾東門外歡迎。隨至猶司令部休息，行政專員公署午餐，並參觀監獄，人犯纍纍，如同地獄。午後二時經鎮甯縣赴黃菓樹，參觀有名瀑布，三時半到達該地。此瀑布高四十丈，寬廿八丈，夏季水力較大，此時稍減。置此偉大水力于無用之地，殊為可惜，隨攝影即返。沿路呈狀控告地方官吏絡繹不絕，吏治之待澄清，可概見矣。七時抵安順，已萬家燈火矣。晚飯後到中山公園看吳師長病，九時就宿司令部，該處原清提督署。

## 10月13日　星期日

　　五時半起身。六時半偕傭農及牟、周二委員視察北門外營房、男女中學、文廟、通志館、民教館。九時早餐，隨即束裝返省。十一時抵平霸縣，街道汙穢，氣象頹唐，當飭該縣從速整理。稍息，復前行，正午到清鎮縣，詢以縣長一切情形，均能對答如流，各項縣政推進亦多。旋往遊軍政合建之中山公園，該園在山之腳下，風景甚佳，而樹木蔥茂，亦為各處所少有。山頂尼庵小樓三間，在此小息，並捐百元，為修庵之用。四時到省接見新由滇回黔曾養甫兄，暢談滇省政治。

## 10月14日　星期一

　　省府紀念週，劉永懋演講法律與道德。午後偕周銘

久、張國書視察女子中學、女子師範、第一中學、民眾教育館，因過去少經費破敗不堪。吾以為安徽教育落後，較之黔省則高十倍矣。與曾養甫及財、建各廳討論建築滇黔公路，與綏署柳參謀長研究第二次綏靖工作，並批閱綏署文電。

## 10 月 15 日　星期二

省府會議通過更換興義縣長案，又通過修減預算案。午後偕銘久、國書視察省立第一中學，該校原貴州大學舊址，兩面臨河，風景甚佳。蔣日前來電約赴南京見面，擬不日前往。又到舊講武堂，視察縣政人員訓練所籌備情形。回看曾養甫兄。

## 10 月 16 日　星期三

上午到財政廳視察，接見該廳秘書、科長等。午後接見一百廿一師參謀長張寄春及熄烽縣長等。接見獨山專員王葆齋，談此次峨眉受訓情形。

## 10 月 17 日　星期四

整頓行李，擬明日起行赴渝，東下回京。晚間在綏署設席招待黨、政、軍各同人，宣佈此次赴京之意，並派民廳曹纕蘅代省主席；省府日行公文，秘書長張叔怡代拆代行；綏靖公署事，柳參謀長代拆代行。晚間再與柳參謀長談綏靖事，又與財廳長談財政事宜。

## 10月18日　星期五

晨七時四十分起行赴渝，同行者有曾養甫、鮑午樵、周昆田諸人，分乘四車。是日陰雨，路泥濘，行車至感困難。十一時至息烽，下午一時半抵黃金洞，路極險峻。過烏江，在岸上小鎮略進麵食。三時廿分續進，攀越老軍閣，頗費力。入遵義境，風景優美，甚似江浙。六時半抵遵義城，郝軍長親迎于橋頭，晚宿郝軍司令部。

## 10月19日　星期六

晨七時廿分由郝軍司令部動身，郝軍長亦陣同赴渝。大霧後，天宇開朗，朝日一輪隱雲中，依稀可見，眾大喜。八時五十分過婁山關，峰高路狹，洵為黔中險要門戶也。十時廿分到桐梓，歡迎者甚多，在逸園略息，又繼續前進。過桐梓後，路更壞，越兩峰埡，行尤難。六時半至新站，遂止宿焉。會小學代表三人。

## 10月20日　星期日

晨六時四十分出新站，擬晚宿綦江。是日大霧，左右高山皆模糊不見。七時四十分抵九龍山，霧漸落漸濃，停留於山腰間，而晶瑩皓日，亦自雲中吐出，光芒四射，霧白峰青，此雲海奇觀，余今日猶為初次領略也。九龍山數峰綿亙，九時半始過。十時至松坎，略息。十一時至叢溪橋，即川黔分界處也。三時至東溪鎮，七時至綦江，宿焉。後數車尚未趕到。

## 10 月 21 日　星期一

天雨，至十二時，後面數車始到。蓋彼等因車陷泥中，而在途中車上過夜云。午餐後，天漸晴，遂驅車再發，惟路較前更壞，進程甚緩。四時許至杜市，遂不敢前進，在區公所宿焉。該所係一鄉祠，無人供應，乃由隨行勤務執炊，粗飯野味，亦甚有意趣也。

## 10 月 22 日　星期二

晨六時半離杜市，天雲欲散，大有晴意。八時半入巴縣境，山行之苦，可於今日結束矣。一時許抵重慶，鄭參事及張市長等已先在，遂由張市長招待，住公園事務所。晚間會客數人，並入浴一次。纕蘅、湛溪、際明等來電，分別擬復，鳴階、辭修兩處亦各去航空信一封。與墨三通電話，決定不往成都。

## 10 月 23 日　星期三

擬明日飛南京，早起見煙雨迷漫，心殊不懌。十時許雨稍霽，聞軋軋機聲由東而來，大喜，遂囑鄭參事往購飛機票，準備明日東下。渝中行經理奚炎、財部特派員關吉玉來商收銷四川地鈔事，比電王廳長、張秘書長飭黔北稅局及專員、縣長協助代換。外會客數人。

## 10 月 24 日　星期四

晨間大霧遮空，江山不辨。八時許漸透日影，似預告不致稽誤行人者。十二時半偕昆田等至飛機場，少頃則見一白色飛機由西北而來。薛伯陵氏由成都來，見面

甚歡。一時四十分起飛，瞬息間身已入白雲中矣。三時
三刻到宜昌，因下游氣候欠佳，止飛。晚宿大陸旅社，
至辭修處談至十時許，歸就寢。

## 10月25日　星期五

八時又五分由宜昌起飛，不廿分鐘即入大平原矣。
此次所乘機為巨型機，上飛極高，或在雲上，或在雲
中。自漢口至蕪湖段，白雲平鋪足下，四傾皆白。有時
高低起伏，如雲濤，如銀山，天淨日明，渾然一色。機
過漢、潯略停，十二時抵京。在運凱宅午餐，與文白、
秋岳等略談，晚車返蘇。

## 10月26日　星期六

到羅家。午後訪何立龍。到蔣家。毛慶祥來訪。偕
偌子訪何亞農，談日本外交情形。

## 10月27日　星期日

吳少祐、黃建平來蘇，黃係談蔣桂合作事，午後均
回滬。何亞農請午飯，有日本駐滬武官大木良枝、山本
榮洽兩少佐，並與何談華北安定問題。

## 10月28日　星期一

偕麗安到安樂園，看湘君墳墓、樹木。到蔣家談王
惜寸家務。到影亳家，午後伊父子來談，伊子開午新由
浙大農科畢業，擬赴貴州工作。整理園中樹木。

## 10 月 29 日　星期二

　　偕三先生乘上午八時〇五分車赴滬，先至少祐家。午後三時訪張伯璇，談蔣桂合作事。此次各因環境關係，或有合作成功之可能。七時黃建平約晚飯，再與伯璇暢談。十二時回少祐家住宿。又至精益公司配眼鏡。

## 10 月 30 日　星期三

　　上午七時見江養正君，伊東南大學畢業，現在東吳法科讀書。伊性情爽直，操守可信。趕上午八時車回蘇。午後何亞農來談，閻百川擬在京與余晤談。

## 10 月 31 日　星期四

　　偕子約余及何亞農午飯，何午後赴滬。余偕昆田午後三時車赴京，至和平門，張文伯來接。適張伯璇亦乘此車，亦同下榻文伯陵園新村，熊天翼亦住張家。

## 11月1日　星期五

今日國民黨開六中全會，汪行政行長精衛突遭暴徒狙擊，兇手孫鳳鳴被張學良踢倒，為張繼擒獲。汪計面部、臂部、腰部各中一彈，據醫生云無大礙。張學良來訪，詳談汪被刺情形。午後到中央醫院看汪，又訪戴季陶、邵力子、段運愷。彭請晚飯，有張岳軍、吳光新等在坐。晚八時，介石約談話，並討論蔣桂合作。

## 11月2日　星期六

上午陳辭修來訪，即偕伊與天翼訪楊暢卿。偕辭修小飯館午飯。午後偕文伯訪馮玉祥、何敬之等。黃季寬來談桂事。晚飯後偕文伯、天翼看電影。天植由安慶來見。

## 11月3日　星期日

上午拜客。文伯請午飯，有張漢卿、張岳軍、黃季寬、張發奎、楊暢卿等在坐。午後拜客，又曾養甫來談。孫哲生請晚飯，有許汝為、居覺生、戴季陶等在座，許不問政治已多年矣，此次特來出席六中全會。又偕何雪竹到中央飯店暢談。又文伯約觀劇，十二時回。

## 11月4日　星期一

清晨接見馮玉祥、佘凌雲等，馮談全國水利。午後到居正家訪許汝為，又訪張靜江、李石曾等。此次六中全會，各中委均無具體主張。

## 11 月 5 日　星期二

上午八時車，偕昆田回蘇，車中遇孫希文及偌子。財部昨日公佈不許流通硬幣，指定中央、中國、交通三行鈔票為法幣，謀貨幣金融永久安定。

## 11 月 6 日　星期三

上午偕偌子訪何亞農，談中日親善問題，何將赴大連。孫希文來談。黃建平由滬來談蔣桂合作問題，黃午後回滬。高季堂晚車來蘇。

## 11 月 7 日　星期四

高季堂回滬。整理樹木。劉雲卿來見，此人性情爽直，余任皖主席時，伊對于收回立煌縣頗有功勞。本擬予以位置，因離皖未果，此次特介紹與皖主席劉鎮華。

## 11 月 8 日　星期五

整理樹木。吳少祐偕鮑午橋由滬來，午後仍回滬。蔣家請午飯。

## 11 月 9 日　星期六

整理園中柳樹。晚間樂群沐浴。

## 11 月 10 日　星期日

整理園中樹木。偌子約午飯。

## 11月11日　星期一

偕昆田乘上午十時車赴京出席五次大會，在車中遇蔣懷仁、范憫黔等。在和平門下車，隨至中央黨部報到，領取出入證。因貴陽證明文件尚未寄到，並請葉楚滄證明。仍寄宿文伯家，同文伯出外拜客。晚間文伯在浣花晏客，有衛立煌、梁冠英、徐月祥、陳儀、劉和鼎等在坐。

## 11月12日　星期二

上午十時到陵園，舉行總理誕辰典禮。接行國民黨五次全國代表大會典禮，計到中央委員及各代表四百餘人。是日細雨紛紛，令人愁悶，甚盼此次大會于國家稍有補助也。午十二時在浣花酒店晏廣西中委及代表黃旭初、張任民等。午後四時到中央醫院看汪精衛、張靜江病。張因赴湯山，汽車行駛太速出事，將左腿骨拆斷。

## 11月13日　星期三

上午九時到省黨部開會。午後陳紹寬、衛立煌等來談。又與張任民、李任仁、張伯璇研究李德鄰來京出席大會事宜。

## 11月14日　星期四

上午九時出席大會，通過主席團名單，余亦主席之一，隨于大會後主席團開會。午間應介石宴，並談桂事。李德鄰擬來京，余另電催促。又接見鹿鍾麟等。晚間應劉和鼎、楊耿光等晚餐。

## 11 月 15 日　星期五

上午八時半到中央黨部主席團開會，九時開大會。午後四時半介石、余及張伯璇、黃旭初、張任民等晤談，並囑促德鄰速來。陸福廷約午飯，有黃英白等在坐。又接見雲南建設廳長張邦翰、財政廳長陸子安等。

## 11 月 16 日　星期六

上午八時半主席團開會，九時開大會。午後到安樂酒店看廣西代表，並與麥慕堯、黃建平等午飯。訪黃英白君，遇蔣雨岩君，當與黃、蔣二君談日本外交情形。晚間陳辭修在文白家宴安，余亦在坐。偕張伯璇、鄧哲熙訪鹿鍾麟。又安樂酒店接見戈定遠，伊係宋哲元駐京代表。十二時沐浴，就寢。

## 11 月 17 日　星期日

季雨農由北平來見。上午休息。會羅翼群夫婦、鄧士林夫婦，鄧係仲元之胞弟。李德鄰本擬即日來京，現又猶疑，團結之難，于斯可見。午後四時主席團開會，討論選舉中央執監委員事宜，各持意見，未得結果。明日午後再行討論。

## 11 月 18 日　星期一

黃旭初、張任民兩人此次負責代表李德鄰來京，說明李必來京，託余向蔣進言，今李忽來電不來，誠令余左右為難。黃係廣西主席，張係參謀長，說話尚不算數，廣西前程可想而知矣。上午九時開大會，討論憲法

草案。午後二時主席團開會，決定選舉中央執監委員辦
法。午後一時，陳調元、朱益之、唐生智、陳紹寬、何
應欽等在勵志社約午飯。

## 11月19日　星期二

　　上午九時開大會，提出改選中委案。主席團主張三
分二自由選，因應付各方事實之環境，三分一由主席團
推舉，請大會通過。但有一部代表反對此辦法，主張全
體自由選舉，爭論非常，決議交黨務組審查。午後開
審查憲法及國民會章案。晚七時蔣在勵志社招待兩廣代
表，余作陪。

## 11月20日　星期三

　　上午八時五全大會代表公祭陣亡將士，後偕文伯訪
張任民等，並衛立煌家。

## 11月21日　星期四

　　五全會開五次大會，宣布憲法及召集國民大會日
期，由大會授權第五屆中執委會決定之。決定第五屆中
委名額及其選舉方式。總章不修改，各級黨部得派員主
持。以上三案為此次大會最重要之爭點，得以如此和平
解決，誠黨國前途之幸也。內部團結目前當無問題矣。

## 11月22日　星期五

　　【無記載】

## 11 月 23 日　星期六

五全會兩次大會，上午通過推行地方自治等要案。下午選舉中央執監委員，余亦當選為中央執委。大會今日下午行閉幕式。大會宣言列舉十事，訓勉國人建國救國。

## 11 月 24 日　星期日

擬乘上午八時車回蘇。至下關車站時，忽知手用皮包遺在文伯家，只得回車覓取，以致八時車來不及，改乘九時車。余向來甚少遺失物件，皆因年齡日大，記心不如少年耳。午後四時廿分到蘇，適揖唐夫人到蘇遊覽，下榻余家。晚間約偕子及亞農等談話。

## 11 月 25 日　星期一

上午偕麗安赴滬，住中國飯店。少祐家午飯，與季文暢談廣西與中央團結事。張伯璇約晚飯，再談桂事。

## 11 月 26 日　星期二

中國飯店住客紛擾，夜不能寢，隨移韋達飯店。張伯璇約午，有桂方重要代表黃旭初、張任民、李任仁、黃建平及王季文在坐。晚五時代表介石慰問段老先生，段設素席招待，有吳光新等作陪。晚間在少祐家約伯璇及黃旭初、王季文作最後討論桂方領袖李宗仁來京與否，決議黃旭初、張伯璇二人赴南甯，余與季文赴南京晤蔣。

## 11 月 27 日　星期三

上午在新亞接見季文，介紹之陳。午後偕麗安及少祐夫婦看電影。偕麗安、季文夜車赴京，車中遇蕭紉秋。

## 11 月 28 日　星期四

昨夜澔墅關附近鐵道為土匪破壞，致在前班之貨車出軌，至上午九時半始至下關，遲誤二時半之久。叔仁、昆田、午橋等到車站迎接，隨下榻惠龍飯店。午後四時見介公，報告季文此次到京對于時局之主張。

## 11 月 29 日　星期五

上午偕季文、麗安遊後湖五洲公園。午十二時蔣約余及季文午飯，討論精誠團結與西南合作，結果圓滿。季文並提救國五條，蔣當採納。余午後三時半再與蔣談話。季文五時車赴滬，余與麗安夜車赴滬。

## 11 月 30 日　星期六

清晨到滬，車站遇楊筱天，住偉達飯店。十時到上海銀行訪陳光甫，談經濟情形，感覺一年不如一年。在少祐家午飯，午後二時送黃旭初上船回邕。在黃建平家與季文、任民、任仁、伯璇等見面。晚間楊筱夫在東亞酒樓設宴招待，有張嘯林、杜月笙等，潘公展等作陪。

## 12 月 1 日　星期日

清晨陳光甫兄來談，同出吃飯。至少祐家介紹張任民、李任仁與光甫見面。蔣來電，蕭、賀股匪出巢，以竄黔之公算為多，希望桂軍于旬日內派十二團兵力，速進黔湘邊境協剿等情。當即于午二時在黃建平家，邀集桂方在滬各代表電李、白遵照辦理。果能辦成，則與桂方一切問題不難解決耳。張嘯林在國際飯店請晚飯。

## 12 月 2 日　星期一

乘上午八時車回蘇州，約偕子談話。午後三時車赴南京，七時卅分和平門下車，仍住文伯兄家。晚間與張伯璇談話。今夜甚寒。

## 12 月 3 日　星期二

上午八時偕伯璇兄到中央黨部出席五次大會之一中全會。午十二時到衛立煌家午飯，並與其夫婦談做人做事之大道。午後三時偕伯璇湯山沐浴，遇陳雪仙、劉雪亞、上官寄卿、楊虎臣等。晚八時會段運凱及王虎鍾、安孟舟二青年，王長于文學，安長于交際，二人均係大學畢業。

## 12 月 4 日　星期三

上午八時見皖建廳長劉遺燕，九時至中央黨部出席第二次一中全會，通過廿五年五月五日宣佈憲法草案，是年十一月十二日召集國民大會。午後見袁子金、管署東等，又見前皖水利局長裴益祥。午後五時訪李石曾、

吳稚暉。午後六時與衛俊如設席招待此次當選安徽中委
馮玉祥、柏文蔚、楊虎、方治、邵華等。

## 12月5日　星期四

上午回拜客。午劉次長惟熾在王后飯店設席招待余
及何芸樵、何雪竹等。午後三時開第三次大會，因外交
及簡體字二案，頗有爭論。晚六時鹿鍾麟、薛篤弼等請
余及兩廣同志晚飯。

## 12月6日　星期五

上午拜客。午十二時，馬市長超俊請午飯。午後三
時中央黨部開第四次大會，通過中央常務會議及中央政
治會議各要案。晚六時王伯群約晚飯，又清晨偕李石曾
訪盧作孚。

## 12月7日　星期六

清晨訪許汝為、居覺生等。上午十時開大會，通過
中央常務委員、政治會議委員、國府主席、五院院長，
以林森任國府主席，蔣介石行政院長，隨即行閉會禮。
午十二時見貴州同鄉劉健群，告以貴州行政情形。又在
文伯家設席招待盧作孚、吳稚暉、李石曾等。晚介石約
便飯，談與桂方合作，允日內發表李宗仁等名義。

## 12月8日　星期日

乘上午八時車回蘇州。車上遇王法勤及前在滬警廳
時舊部鄭友尚等。午後與偌子等談話。高季堂來蘇。

## 12 月 9 日　星期一

上午與何亞龍談話。見張錫卿等。午後到蔣家。高季堂返滬。

## 12 月 10 日　星期二

王季文、張任民、吳少祐等上午來蘇，午後回滬。叔仁晚車來蘇。

## 12 月 11 日　星期三

偕佶子十二時五十分車赴滬，在少祐家與桂方張任民、王季文等談話。德鄰來電，主張桂黔綏靖主任與湘桂黔邊區剿匪總、副司令同時發表、同時就職，而蔣主張先發表剿匪總、副司令，只得向蔣進言同時發表。季文在梅園約晚飯。到中國飯店訪張任民。是夜宿偉達飯店。

## 12 月 12 日　星期四

偕佶子乘上午八時車回蘇州，午後三先生赴滬。何亞農與佶子來談，並留晚飯。申兒連日生病。天氣甚冷。

## 12 月 13 日　星期五

到佶子家。午後偕佶子、亞農樂群沐浴。

## 12 月 14 日　星期六

回拜任可澄，伊已赴渝。

## 12月15日　星期日

偕昆田乘上午十時車赴京，在車中遇鐵道部長張公權，暢談外交與經濟。又遇邵元冲夫婦。午後二時卅分到和平門下車，仍住文伯家。看張靜江病。中央飯店訪麥慕堯。晚間與文伯夫婦談家務，偕叔仁、昆田到南門外馬祥興晚飯。

## 12月16日　星期一

上午九時到中央黨部，參加國府五院長就職典禮，計行政蔣介石、司法居正、立法孫科、監察于右任、考試戴傳賢。十一時到國民政府參加行政院各部長就職典禮。午後偕文伯夫婦湯山沐浴。六時與蔣見面談桂事，仍無結果，因此余返黔之期不能定也。午後七時介約晚飯，有麥慕堯、徐元昌、黃俘等在坐。

## 12月17日　星期二

上午見曾養甫，談建築西南鐵路事宜。午十二時陳雪軒在皇后飯店設晏招待余及徐永昌、陳儀等，飯後偕張文伯訪何應欽。午後六時在文伯家共同招待中央委員苗培成等廿餘人。又赴邵華、方治晏，又赴楊永泰、殷甸樵等晏。乘夜十一時車赴滬。

## 12月18日　星期三

清晨到滬，住少祐家。見桂方在滬同人，勸伊等轉商李、白暫就邊區剿匪總、副司令。先請張任民回桂磋商，張即乘十二時日本皇后輪赴港，余特親往送行。黃

建平在東興樓約午飯。午後四時張伯璇兄在新亞酒店娶
媳婦，特親往道賀。晚間與麥慕堯等談話。

## 12 月 19 日　星期四

上午九時會陳光甫，談經濟現況。午後一時十五分
車回蘇州，車中遇許世英，談段派內容及王揖堂此次在
華北出處之不當。

## 12 月 20 日　星期五

到蔣家午飯。午後偕影毫、偌子南園看地皮，又
與偌子訪何亞農。晚九時四十分車偕麗安赴滬，住偉達
飯店。

## 12 月 21 日　星期六

上午到上海銀行，晤光甫與楊介眉君。午後與季
文、建平談■■現在各方■■■多不可。隨偕■■■■
■■■■■■擬■此■戰■。約在國際飯店晤晚餐，並
請光甫作陪。

## 12 月 22 日　星期日

上午八時車，少祐夫婦回北平，麗安代表赴車站送
行。十二時在少祐家與文叔見面，午後偕伊到務印書館
購日記等件，送伊回光華大學，並見振宋，與文叔研究
到日本讀書事宜。晚七時在杏花樓設席招待季文新夫
婦，請建平及趙小姐等作陪。

## 12月23日　星期一

張伯璇請余及楊暢卿、王季文、黃建平、麥慕堯等談時局及團結西南各問題。余此時在滬正■■■■■■■■可成，■■赴桂。回■■伯璇處■■■■■陳天放■將去■■。午後見振宗■■談讀書事。

## 12月24日　星期二

上午由偉達飯店移至少祐家。麥慕堯明日返桂，黃建平為伊送行，約余作陪，余亦于午後六時半在杏花樓設晏為麥送行。近日學生愛國運動，各省響應。上海學生罷課遊行，與租界巡捕發生衝突。又因要求開車赴南京請願，大隊學生集中車站，致各次火車停開。

## 12月25日　星期三

午後到朱子謙家。晚間在可可食品公司與麗安、趙小姐等晚飯。火車尚未行駛，學潮勢將擴大。蕭紉秋來談，並留午飯。

## 12月26日　星期四

顏府約午飯。唐有壬昨晚被刺斃命。唐係湖南瀏陽人，先烈唐才常之第二子，現年四十二歲，日本慶應大學畢業，對于國際政治、經濟素有研究。曾任中央政治會議秘書長，第四屆中央候補執行委員、外交部次長、中央銀行理事、新任第五屆中央執行委員、外交部常務次長。一生學業，失敗一時，殊為可惜。

## 12 月 27 日　星期五

約季文、建平及趙小姐、顏太太等在梁園午飯。午後偕季文、建平到張伯璇家談合作問題。

## 12 月 28 日　星期六

上午看雜誌。午後到顏家，並在伊家晚飯。

## 12 月 29 日　星期日

劉石菴來談安徽建設及水利情形。午後到劉家，伊夫人英國人，管理家政非常清潔整齊。桂方李、白來電，可以先就邊區剿匪總、副司令之職。晚間與駐滬負責者之王季文、張伯璇、黃建平等談話。

## 12 月 30 日　星期一

張伯璇昨夜先進京，向蔣報告桂方最近主張。偕賴安乘上午九時五十分車回蘇州。午後顧墨三偕趙啟騄來訪，隨與顧談西南合作情形及剿蕭、賀股匪計劃，現在該匪有向貴州逃竄模樣。留顧等晚飯。

## 12 月 31 日　星期二

【缺】

## 出入款目表

| 月 | 日 | 摘要 | 支出 |
|---|---|---|---|
| 6 | 11 | 學費交叔仁分發 | 2000 |

# 1936 年（民國 25 年）　53 歲

此日記係馴叔購送的。

## 1月1日　星期三

約偕子、影毫、佛菴午飯。中央已發表李宗仁湘桂黔邊區剿匪總司令、白崇禧副司令，黔桂政局益增安定。余出主黔政，志在促成蔣桂合作，茲第一步既經完成，擬再繼續努力，以盡精誠團結之全功。

## 1月2日　星期四

偕偕子趁上午十時十五分車赴滬，住新亞酒店。午後五時在少祐家約王季文、黃建平、張伯璇等談蔣桂合作，大有進步。如雙方開誠佈公，國事前途大可樂觀也。晚間晤何亞農，研究中日問題，仍無解決途徑。而華北形勢，日趨嚴重，令人心憂。

## 1月3日　星期五

偕季文等可可食品公午飯。午後再與王、黃、張三君研究桂事，即在張家晚飯。決定余即晚夜車晉京謁蔣，陳述進一步合作之意見。車中遇皖建廳長劉石菴。

## 1月4日　星期六

上午六時五十分到和平門下車，到辦事處休息，並批閱文電，住挹江別墅。午後四時到文伯家，即在伊處晚飯。八時半見介兄，談與桂方根本合作計劃，頗承採

納。決定余經過粵、桂，與各該省當局接洽，然後回
黔。余因在黔效用已完，表示辭意，伊意贊同，屬余覓
替人。並在蔣處遇陳果夫、葉楚滄、張厲生等辦黨者十
餘人。

## 1月5日　星期日

上午訪陳辭修，談貴州剿匪事。訪陳果夫，又看靜
江病。到中央第一公園弔故友范鴻仙。到張文伯家午
飯。午後訪馮煥章，並辭行。趁午後五時車，十一時到
滬市，往晤王季文。隨至少祐家會顧墨三，談剿匪及時
局問題。即住少祐家，夜一時就寢，異常疲困。

## 1月6日　星期一

偕王季文到張伯璇家，談此次在京與蔣談話結果，
託伊等電告李、白。即在張家午飯，趁午後一時廿分車
回蘇州。

【馴叔記】馴叔香爸爸面孔，特親筆記之。

## 1月7日　星期二

料理家務，整理行李，擬九日赴滬。十一時由滬趁
輪赴港，經過粵、桂，謁各該省當局，然後返黔。又蔣
面託過港時與胡展堂見面，促其即日入京。胡現正由歐
州返國，預計十九日可以抵港。

## 1月8日　星期三

上午偕惟仁至蔣家、張叔怡家、伍太太家辭行。又

至凌毅然家，適凌老伯母于前夜去世，比即至靈前弔
唁，凌母享壽八十有四。午後偕惟仁張亞威家辭行。又
向育仁兄午後來談四川政治情形。叔仁午後到蘇。午後
五時偕麗安到羅家、黃家辭行。

## 1 月 9 日　星期四

清晨閱文電，並擬復。同時專函蔣，促將李德鄰總
司令印信即日辦妥送去。乘午十二時半車赴滬，少祐到
車站迎接，即住伊家。晚間與陳光甫暢談，伊力勸余急
流勇退，回滬暫居。良友之言，殊為可感。至深夜十二
時始散，一時就寢。

## 1 月 10 日　星期五

上午九時半訪段芝老，並辭行。十時訪宋子文，暢
談日本外交與整個經濟之危險。午後偕張伯璇、王季文
訪汪精衛，因午睡未起身，故未見。偕子、叔仁、昆田
等來滬，偕子、昆田擬同赴香港，叔仁係來送行。晚
七時黃建平、張伯璇在杏花樓招待晚餐。到中國飯店沐
浴，十一時回少祐家就寢。

## 1 月 11 日　星期六

上午九時卅分上法國郵船安特力朋號，十時卅分開
輪赴港，天植、叔仁、黃建平至輪送行。羅偕子、吳
少祐、王季文、周昆田等同行，船中隨便談話，皆大
歡喜。

## 1月12日　星期日

天平浪靜。午後四時廿分，練習乘客緊急救命法。

## 1月13日　星期一

風平浪靜。

## 1月14日　星期二

上午七時到香港，李德鄰派張任民、麥慕堯、黃子敬代表等，陳濟棠（即伯南）派高級參謀鄧剛代表，到船中歡迎。遂在船中接見記者，發表談話，表示回黔之便經過香港，擬過兩廣，訪兩省領袖陳、李等及老友。又在船中見黔省委員周銘久、朱仲翔，隨上岸至思豪酒店休息。午後偕偌子到九龍新界季文兄家，即在伊家住宿。

## 1月15日　星期三

偕偌子、季文野外散步，參觀伊家園田、雞場、花木，頗集一時之盛。午後仍偕季文、偌子及季文如夫人、女公子等至香港。午後七時應桂財廳長黃子敬之晏，乘十時夜船赴廣州，同行有周昆田、麥慕堯、王季文夫婦及陳伯南代表鄧剛等。

## 1月16日　星期四

早六時至廣州，陳伯南派人在碼頭歡迎，隨至馬柵場李德鄰公館休息，並即下榻該處。許汝為、陳伯南、劉紀文先後來訪，並陳暢談時局。余力立主精誠大團

結，方可救國，陳甚表同情。午應西南政務會蕭佛成、
鄒海濱等全體委員之晏。午後拜蕭、鄒等及羅翼羣、陳
融等，隨至新亞酒店休息。午後六時應陳伯南之晏，有
許汝為、鄒魯及廣州高級軍官及省府廳長等，計四十餘
人在坐。晚飯後，至迎賓館回看汝為。

## 1 月 17 日　星期五

上午鄒海濱約參觀中山大學校，該校占地一萬二千
餘畝，規模之宏大，為全中國之所無，即世界各國亦少
有也。隨弔黃花岡七十二烈士及故友古襄勤、鄧仲元、
朱執信之墳墓。午後參觀粵省新建設之士敏土廠、紡
織廠，近年該省各種建設突飛猛進，各省大有望塵莫及
之勢。

## 1 月 18 日　星期六

偕季文、昆田、慕堯等乘上午八時船赴港，先到恩
豪酒店休息，會潘宜之兄，伊係奉德鄰、健生命來港歡
迎余往南甯。胡展堂由歐州回國，明日清晨抵港。此次
港粵各團體及西南及中央政府，舉行空前未有之歡迎。
蓋國難日深，希望胡返國促成精誠團結，共挽狂瀾耳。
午後四時偕季文到新界伊家住宿。

## 1 月 19 日　星期日

上午偕季文赴香港，住新亞酒店。隨拜訪張任民、
張振歐、曾其新，又到九龍拜訪麥慕堯、潘宜之，伊二
人均外出，接見其夫人。又登九龍城高山遊覽，德鄰由

桂抵港。偕少祐、偕子等大同便飯。

## 1月20日　星期一

　　張任民之尊翁及任民夫人世兄來訪，張翁年已七十有七矣。李德鄰來談，隨至伊家午飯。暢談年來政治之得失，非大團結無以挽回危局。胡展堂約晚飯，有居覺生、葉楚滄等在座。隨偕居、葉及陳策先到高羅士打酒店，伊等處處談話，均盼展堂早日進京。又偕居、葉、陳乘汽車尖沙嘴海邊吹風。

## 1月21日　星期二

　　本日休息。

## 1月22日　星期三

　　午後麥慕堯、潘宜之等談時局。潘香港大酒店約晚飯，有李德鄰等在座。上午晤胡展堂，伊云決定赴滬，但須赴廣州一行，對時局主張容納內外同志意見討論辦法。隨將此意電告介石。

## 1月23日　星期四

　　今日舊曆大除夕。清晨德鄰到新亞晤談，並在恩豪酒店約午飯。午後偕季文到新界伊家度舊曆年，大有一年將盡夜，萬里未歸人之感。送季文子、姪及媳婦壓歲洋每人五十元，計三百五十元。

## 1 月 24 日　星期五

清晨季文率其子女拜年，季文家教甚嚴，子女均有禮節。伊家少用人，所有廚房事，均其夫人任之，可為家庭之模範也。偌子、少祐亦到季文家拜年，並午飯。午後遊覽元朗及海邊，至麥慕堯家晚飯。夜宿思豪酒店。

## 1 月 25 日　星期六

少祐請午飯（告羅士打酒店）。午後五時上台山輪，即乘此輪赴梧州，有麥慕堯、羅偌子、曾其新、周昆田等同行。近日蕭、賀兩赤軍由湘向黔紛竄，現至平越、開陽一帶，貴陽吃緊。

## 1 月 26 日　星期日

清晨五時至三水，適盧壽慈（即燾）偕同子及婿，亦由廣州來乘此輪。盧前任貴州主席，廣西人，甚忠厚，與係初次見面。午後五時由三水開輪西上，船入廣西境，兩岸峰青，玲瓏競秀。

## 1 月 27 日　星期一

上午十時到梧州。第四集團軍駐梧辦事處主任石化龍君招待，至桂成莊休息。中午飯後，由慕堯兄陪乘汽車，登北山中山紀念堂遊覽，全市在望，清晰如畫。十二時半上小汽船，二時抵戌墟，即捨舟登車，一路山小路平，車行甚速。中經蓉縣、北流，至晚八時到鬱林，住鬱林酒家。亞威兄已由邕來候，相見甚歡。

## 1月28日　星期二

　　旅社聲喧，夜睡難熟。晨五時半起身，七時車發鬱林，十二時入桂縣境。過石達開紀念碑處，下車參觀，蓋即石祖塋所在地，俯仰間，猶憶及前人掘其祖墓碎骨揚灰之慘劇。午十二時至蘆墟午飯，下午二時至賓陽崑崙關，兩山夾道，地極險要，即狄青元夜渡江破智高處也。三時許抵南甯，白健生率黨、政、軍各高級官吏數十人迎接于茅橋，入城宿樂群社。隨至省政府及總司令部拜訪諸當局。晚赴健生晏，談甚歡。

## 1月29日　星期三

　　上午回拜總部各處長。午後六時應省府之公晏。白司令健生、黃主席旭初來暢談，多感情話，仍未談大局。

## 1月30日　星期四

　　上午拜客。遊覽中山公園。午後與劉高級參謀幸章時局。旅邕安徽同鄉會開歡迎會，余出席演說並道謝後，攝影而散。

## 1月31日　星期五

　　早餐後與佶子先後往晤白健生談會剿事。據云剿匪為其素志，甚贊同當此國家危急存亡時期，只有團結一致，始足以禦外侮。而平內亂在過去與蔣先生雖有不洽之處，然彼此均無打倒對方之辦法，自以合作為是。且在今日之中國言，全國領袖當非蔣先生莫屬，由合作進

而至於擁護，亦為自然之趨勢。言時態度誠懇，如吐肺
肝。余因謂兄與蔣均有兵、有槍作鬥爭之武器，然余究
何所恃而立於此二者間乎？蓋余亦有武器，其武器即為
真誠二字耳。余數年來奔走蔣桂間，總以真誠為準，而
對本身則極淡泊，絕無藉此取得個人私利之企圖。皎皎
此心，可對天日，此後尚望兩方真誠合作，以救國家之
危亡。健生頗以為然，並加切實表示，今日談話結果
可謂圓滿矣。午後發三電，一致委座，一致墨三，一
致湘薌。

## 2月1日　星期六

健生約往武鳴參觀，九時遂偕健生、倬子往武鳴，距南寧百四十里，車行一時半到達。先至民團指揮部，民團幹部訓練所在焉，稍憩。健生召集訓練所學員，請余訓話，因講自衛、自治、自給與三民主義之關係。午餐後參觀宿牧坊，其飼養牛馬豬雞均採新法。繼參觀工讀學校、公共託兒所、村公所等，頗具社會主義社會之意義。繼遊明秀園及靈水，林泉幽美，足使流連。四時許返邕。

## 2月2日　星期日

擬明日離邕回黔，至白副司令、李總參謀長、省府黃主席及丘秘書長等處辭行。晚間應新建設廳長韋雲松之晏。晚間李、黃、丘及劉為章均到寓所暢談，表示誠意。今日與白談救國大計，彼甚開誠。此次到邕，與各人往來均極圓滿。

## 2月3日　星期一

晨八時由邕出發返黔，桂軍、政、黨要員均臨行，慕堯同行。倬子亦于是日赴梧返滬，同車至蘆圩，午飯後分道前進。午後三時至慶遠，由尹司令振常、蘇副旅長馥扶招待，住樂群社。遂與諸人出城北門渡河，往遊白龍洞，洞在山腹，路險峻，上行甚苦。洞內塑諸佛像，年久失修，有石達開庚申來遊，題詩自云：「挺身登峻嶺，舉目照遙空。毀佛崇天帝，移民復古風。臨軍稱將勇，玩洞羨詩雄。劍氣沖星斗，文光射日虹。」

## 2 月 4 日　星期二

晨七時出發，天氣較寒。十一時許入南丹境，山勢高峻，道路曲折，車行至苦。十二時至南丹站，由鄧縣長招待午餐後，攝影而別。二時許入黔境，南寨村民莫信之者，歡迎至其家小坐，贈以相片一幀。六時許至獨山，王專員等迎候于車站，比到專署，已全街燈火矣。晚由秦團長沛然請晏，夜宿專署。略問王專員近來行政狀況，並召見士紳。十一時就寢，夜雨，雷聲甚大。

## 2 月 5 日　星期三

晨起，雨止天晴，甚喜。八時出發，晶日照山林，精神為之煥發。十時半至都勻，該縣吳和生縣長由獨山同來，招待至縣署午餐。十二時再前進，二時到馬場坪。適湘軍追匪部隊絡繹于途，向貴陽前進。三時許遇國書、延才率領來迎部隊。五時至貴定，民眾歡迎于東門外，即住宿縣署。

## 2 月 6 日　星期四

晨八時由貴定出發，山形高大，坡度極陡，車行頗難。九時許至觀音山，十一時半過圖雲關，小魯、天達已來迎。至職業學校門前，所有在省軍政重要人員數十人均臨歡迎，比與各人握手道念，甚歡。午留柳參謀長等在省府便餐，舊地重來，頓忘沿途之勞頓。午後與纘薌、元龍、叔怡等暢談別後行政狀況，並致電各處告以歸來。

## 2月7日　星期五

接見綏署柳參謀長際明、甘師長麗初，報告此次蕭、賀赤軍經過貴陽附近情形及城防之佈置。接見四川鹽運使繆秋杰（號劍霜）。此次省府與該運使簽定由中央財政部指四川鹽稅項下撥付黔省庫協款，每年一百五十萬元，黔省府取銷認商，任官民自由販賣，同時停繳川鹽附加。如此省庫收入增加，且確定人民可食廉價之鹽。

## 2月8日　星期六

上午見李縱隊司令覺（號雲波），伊由湘追擊蕭、賀，率隊至此。顧主任墨三、韓委員德勤由渝飛筑，特偕曹、葉諸廳長到平遠哨飛機場歡迎，即同至綏署便飯。回拜李覺。李師長必蕃來見。午後七時半顧主任、韓委員來談，並研究追擊賀、蕭計劃。現賀、蕭等正集結黔西，前進方向尚未判明。

## 2月9日　星期日

已故軍長李雲杰（號俊三），湖南嘉禾人，靈柩回籍。余特于上午十時到兩湖會館弔唁後，親送至威西門外。午後三時到綏署與顧主任談剿匪事。

## 2月10日　星期一

會李縱隊司令、張師長亮基（湘軍第十六師）。會鄉人盛太頑、余維之。午後到綏署會新代主任劉興（號鐵夫），湖南人，今日由渝飛抵此間。余因久離軍隊，

體力又弱，故將代主任堅決辭去，由劉接代也。省府秘書長張叔怡請假回江蘇原籍，由曹纕蘅兼代其任務。午後六時牟委員貢請麥慕堯晚飯，約余作陪。

## 2月11日　星期二

蕭、賀股匪此次竄黔，各軍將士不遠千里遠道追剿，特于正午十二時（假綏署）與顧主任共同設便餐招待各部團長以上將領，用資聯歡。又余于是日午後七時在省府歡晏顧主任墨三、麥委員煥章、劉新代綏靖主任興（號鐵夫）、劉總指揮建緒、李司令雲波及各師長，並邀省府各廳委作陪。上午省府常會通過更換女師範校長案，舊校長孫啟孟擬調任省府秘書。

## 2月12日　星期三

上午會客，多半是求工作的。社會不安定，其總因皆在失業者太多之故也。已故平越專員聶光此次固守平越，保障地方，臨難捐軀，尤徵義烈。特提出省府會議，擬于該縣所屬之馬場坪建築紀念塔一座，其平越縣城並准由該縣地方官紳酌立碑塔，以彰遺烈。

## 2月13日　星期四

上午九時會客。十時到新生活旅社回拜劉主任興、劉總指揮建緒。午後二時，本城法國教士來見，因石阡德教士被匪架去，請求援救。午後三時麥慕堯、王哲漁來談，又與元龍談中庸原理。顧墨三請晚餐，並談最近剿匪情形及軍事之佈置。

## 2月14日　星期五

　　上午九時省府常務會議，與韓委員德勤（兼行營辦公處長）談各方政治情形，留伊午餐。

## 2月15日　星期六

　　上午八時在青年軍事教育團訓話，提為忠、勇、誠、樸四字。該團係由高中、初中學生以寒假期間組成，余任團長。九時半保安處軍官、軍士隊行畢業典禮，余出席致訓。該隊係由前黔第廿五軍編餘軍官組成，將發往各縣工作。

## 2月16日　星期日

　　中央銀行經理彭惕菴請午飯。顧墨三在綏署請晚飯，有郭軍長汝棟、劉總指揮建緒等在座，席間並談及貴州剿匪之佈置。偕纕蘅、貢三往視猶司令病。接見郭司令汝棟（四川人，號松雲）。

## 2月17日　星期一

　　介紹韓委員德勤同人見面，因韓第一次出席記念週。
　　上午九時省府記念週，余領導行禮後，演說現在外交、剿匪、經濟為三大嚴重問題，末述省在中央與地方之間，有承上啟下的效用。就是省政府乃政治上一個中堅份子，而各廳辦事人員大多數中年人，且都受過教育，且有辦事經驗，在年齡上、智識上亦都是社會中堅份子，如中而不堅，如何能挽救國難，望大家努力。十時到兩湖會館已故聶專員靈前公祭。午後偕元龍到職業

學校間壁梅園遊覽。回省府後，適顧墨三來，再偕往梅園遊覽。

## 2月18日　星期二

上午八時接見何朝宗。又接見郭汝棟及川代表傅春初。九時省政府常務會議，通過例案多件。午後接見汪榮，行營迭次來電，主張委汪為貴陽公安局長。午後五時綏署約晚餐，有顧墨三、劉建緒等在座。麥慕堯將回桂，晚間約伊談話。偖子來電，昨日與介兄談余個人辭黔主席，伊表示難覓替人，恐短時間尚不能離黔也。

## 2月19日　星期三

午後移植住樓院中梅花。近日天氣清和，為貴陽從來少有。午後王、曹、葉、牟諸委員與桂代表王哲漁及麥慕堯等，討論兩省特賀、緝私等事宜。劉興（號鐵夫）今日到綏署實行代主任職，昨年冬雖發表余代主任，余因久離軍職，一再堅辭，故始終未就職。

## 2月20日　星期四

接見杜成鎔（號鑄言），黔大定人，前國會議員。午後閱滬各項報紙。晚六時纕蘅、元龍、惜寸借中央銀行設席招待麥慕堯、顧墨三、劉興、劉建緒等，約余作陪。晚間與纕蘅、元龍談吾人現在政治環境之圓滿及今後應付與出處。

## 2月21日　星期五

貴州財政收入大部分係通關稅，自行施行新稅則以來，稅率太高，商人觀望，五個月以來只收三萬餘元，與往年比較約短少一百五十萬元。今晨八時特約各廳委討論，請顧主任代電蔣行政院長，轉飭主管機關速改稅則。九時開省府常務會議，通過平壩縣長方中調郎岱縣，遺缺以楊慰接代，楊係墨三介紹。又省會公安局長蕭樹經辭職，以汪榮接充。又朱懋根為省立醫院院長，朱係協和醫院畢業。麥委員慕堯將返邕，午後二時特約談話，並告伊介紹周玉麟任縣長失職。

## 2月22日　星期六

上午八時半在縣政人員訓練所訓話，提為勤政愛民，並以讀書相勉。末囑應效法清代韓超、于成龍二先生刻苦奮發之精神，努力推進，廉潔清政，以應國家目前之困難。午十二時在省府約鄉人盛樸、于維之便飯，伊等遠道來黔謀工作，因一時無法位置，只得酌送川資令其返里。午後四時，偕昆田黔靈山散步。晚七韓楚箴在綏署設席為麥慕堯送行，約余作陪。麥擬明日回桂，轉京。

## 2月23日　星期日

麥慕堯上午七時起身回桂（送川資二千元），余偕纕蘅六時半親往送行。魯書亦于是時回獨山，與麥同行。魯書現任獨山稅局長，過去數月收入超過比較，現在短收，特來辭職，將回京休息。今天日暖風和，為貴

陽少有之天氣，午後特偕纕蘅乘轎出城，遊覽仙人洞、
水口寺，經大南門回省府休息，身心舒適。又接見行營
參議陳克明。監修黔北公路。

## 2 月 24 日　星期一

上午九時省府總理記念週，由保安處馮處長報告剿
匪情形。傳見檢定及格縣訓所第一期畢業劉文甫、況天
爵、陳繼宗等八人。午後二時故行政督察專員聶光靈柩
回籍，余特親往祭，並電沿路專員、縣長保護，又電
川、鄂兩省當局代為照料。午後六時猶司令國材設席招
待顧墨三、劉鐵夫、劉建緒等，約余作陪，飯後談剿匪
事宜。

## 2 月 25 日　星期二

上午八時訪劉建緒（號恢先），現任第四路總指
揮，所有追剿蕭、賀各部隊，統歸指揮。九時省府常務
會議，通過榕江縣長周玉麟守城不力，撤職查辦。午後
劉恢先來談，彼此皆歡。晚六時韓楚箴、鄒少華在綏靖
公署請客，為劉恢先送行，約余作陪。

## 2 月 26 日　星期三

上午九時偕元龍、纕蘅到貴陽中學，參觀全省各中
小學學校成績展覽會，此會乃貴陽初次之舉。接見陸地
測量局局長徐撫（號贊之），江西人，擬在貴陽開辦測
量學校，乞余補助。接見特稅緝私專員事務所股長蘇俊
五（號傑夫），貴州紫雲人，談組織緝私隊事宜。接見

青岩鄉村師範學校長錢文佶，貴州全省無鄉村師範，此次特新創此校。

## 2月27日　星期四

上午十時到綏署與顧墨三商本省專員改換事。接見莊念周，係吳和生派來報告縣政。接見第二區行政專員章履和。廿六日上午五時廿分，日本東京發生軍人暴動，崗田首相、高橋財相、齋籐內大臣、渡邊教育總監均被殺害。此等政變殊屬驚異，聞少年軍人派以現政府對華、對俄外交政策過懦弱，故恨而出此。高橋年已八十矣，為日本有名財政家，齋籐兩任朝鮮總督（約十年），係海軍有名之將領，如此下場，令人可惜而寒心。

## 2月28日　星期五

上午九時省府常務會議通過例案數起。日本前日空前大政變，其原因固屬不滿意當局外交之主張，尤不滿意為高橋財相反對大軍事預算案，日本全國宣布戒嚴。英、法人士惶恐危及遠東和平。彼日人民為極端之愛國主義者，今後之秉政者，自不得不與此國家主義覓求情緒妥協之途，則其對外政策或更咄咄逼人。此乃今次事變真正危險之所在也。

## 2月29日　星期六

上午接見貴陽郵務局長黃榮升等數人，黃（號雲生）湖北人。午後六時，劉主任鐵夫招待晚餐。

　　此次日本東京事變起因，為國體明徵與軍之統制問題。少壯急進派對政府設施本不滿意，近日右派（政友會）選舉失敗，永田事件（前軍務局長刺死）適于此時開審公判。林前陸相證言又危及真崎大將，真崎被傳異常憤慨，而第一師團又被調赴滿，是以爆發。除襲擊元老重臣、朝日新聞外，並佔據政府機關，聲言不達革新目的不止。參加者凡七百人，計五中隊，領袖為野中、安藤、松崎、河野等七大尉，亦即前年十一月事件同謀分子。當時企圖暴動失敗，曾發表肅軍意見書，此次更發主意書，攻訐元老、重臣、政黨、財閥。此次巨變，當屬自然因果，不拘如何解決，軍人必志在掌握政權，對內外政策之強化自在意中。

## 3月1日　星期日

　　前傳東京政變遭難之岡田首相確係健在，緣當時遇難者乃岡田之義弟松尾大佐。岡田于事變前確在官邸，後逃出在某處避難。日皇發出討伐變兵命令，戒嚴司令部以斷手段鎮壓，變兵解除武裝，變亂各將校免職處分，東京秩序恢復，暫時告一段落。午後偕纘、昆田、國書到職業學校看梅花，到綏署回拜夏斗寅（號靈炳），湖北人（夏靈炳現任行營總參議），本日由重慶飛抵此間。午後六時甘師麗初夫婦新婚後，特在中央銀行設席酬客，余特親往。新人名王鎮芸，浙江人。

## 3月2日　星期一

　　今日上午八時省黨部新設計委員周達時、平剛、黃國楨、陳惕廬、劉祖純等宣誓就職，中央黨部派余為監誓員。余致訓詞，題為經濟恐慌，外交嚴重，盼各委員為黨努力云云。九時出席市民升旗禮及擴大紀念週，晚間設席招待各黨委及黨部同人。接見張曾復、陶濟群、殷之傑等縣長。日本今次變亂首領野中大尉聞已自盡，岡田首相已向日皇提出辭呈。

## 3月3日　星期二

　　上午會客。晚六時在省府設席，招待夏斗寅總參議，約顧墨三、劉鐵夫等作陪，盡歡而散。

## 3月4日　星期三

　　上午與省府參事胡宗陳談皖省軍官學生之狀況，自

第一期至第九期，約有一百數十人，現在任重要職務不
多。晚六時劉鐵夫設席招待夏斗寅，余作陪。閱報載陳
光甫兄將作歐美之遊，約三個月回國，特去電詢問真
情。回憶民十八年余與伊伴遊歐美，得伊幫助甚多，至
今尚令余感激莫忘也。

## 3 月 5 日　星期四

接見麻江縣長拓澤忠、羅甸縣長李駿、施秉縣長常
振穎等。晚六時王廳長約便飯，談財政事，研究特稅，
非變更辦法無以期結果。再電禁煙總會李子寬力爭。

## 3 月 6 日　星期五

上午九時省府常會通過免徵種煙牌照費。此稅向為
病民秕政，易滋擾累，值此民力凋敝已極，應予蠲免，
以蘇民困。如此人心大快，我心亦安。又通過更調黃
平、青溪、大塘、龍里、平舟、修文、羅甸、紫雲等縣
長案，計羅甸李駿、龍里張曾復、大塘劉定鼎、清溪劉
文甫、平舟黎純一、修文張嗣材、紫雲吳國棟、黃平陶
濟群。又通過以沈駿達代理公路局長，沈係法國留學
生，原任副局長，係毛慶祥介紹。

## 3 月 7 日　星期六

此次蕭、賀陷平越各地後，省保安第二團之一部奉
命到貴陽北數十里之扎佐防守，隨與匪之主力接觸。該
保安隊深明大義，努力抗戰，死傷甚巨。特于本日上午
九時在省黨部開會追悼，由余主祭，儀式隆重。午後

二時偕纕、昆田到職業學校看梅花，有老梅約廿株。晚
間顧墨三在郭思演家約晚飯，有麂肉數色，為余初次嘗
嗜，其形如鹿而無角，其味如羊肉。

## 3月8日　星期日

上午九時舉行縣政人員訓練所第二期畢業、第三期
開學典禮，余致訓詞。大意要鍛練身體，統一意志，並
注重個人修養，努力為地方服務，切勿抱苟安僥倖之想
云云。該所學員組織，係由現任及檢定縣長、佐治、區
長等。在過去黔政治腐敗，為各省所無，特別訓練此等
人員，為改革貴州吏治之基礎也。午後偕纕蘅、元龍遊
覽黔靈山下之麒麟洞，風景甚佳。

## 3月9日　星期一

上午九時記念週，牟委員貢三報告賑災最近情形。
奉行營命令，駐畢節行政督察專員莫雄貪贓枉法，著拘
捕解京訊辦云云。該員于昨晚到省，今被捕押保安處。
此人于民國七年在福建任連長時，因兵變被拘，幾遭槍
決，後由余保釋。此次做余部屬，竟犯巨案，誠令余愛
莫能助，惟有俟案明白後為之說項，冀免一死耳。德國
宣佈取消洛加拿公約，隨即開兵至萊因河不准駐兵之區
域，歐洲形勢嚴重。

## 3月10日　星期二

上午九時省政府常務會議，發表本省十一行政督察
區縮併為八區，以竇覺滄、張履和、王慶芳、趙璞、劉

千俊、陶戀榛、華洸、王鑄人為八區專員。王慶芳係新委的，其餘七人稍有調動。接見縣長黎純一等。

## 3 月 11 日　星期三

午後顧墨三、夏靈炳、韓楚箴來談，留晚飯，暢談余在兩廣統兵之經過及革命之歷史。接見雲南龍主席代表陳養初。接見劉文甫等縣長。

## 3 月 12 日　星期四

總理逝世十一週紀念，特于上午十時在南郊之南嶽山麓舉行植樹，計到各機關及學校約千人，由余主席領導行禮並演講。大意總理逝世情形，植樹節之意義，可以免除旱災、水災，增加國家財富。

## 3 月 13 日　星期五

上午九時省府常務會議，通過組織預算委員會，製定本省廿五年度預算。王惜寸約晚飯，有顧墨三、夏斗演、韓楚珍及纕蘅、元龍等。

## 3 月 14 日　星期六

上午與胡宗陳談廣西內部情形。午後偕顧墨三、夏斗演、韓楚珍圖雲關遊覽，並參觀顧家、余家祖墓。據夏云，該墳風水不可多得，即本地人所謂九子十翰林之墓也（八子一婿）。在墨三處晚飯，近日蕭、賀匪行踪不定，進剿部隊疲于奔命，而威水一帶給養困難，天氣又極寒冷，行軍大不易也。

## 3月15日　星期日

上午與元龍談貴陽縣立中學風潮，原擬減少該校班次，增加各鄉小學，該校長不奉縣令，自由招生，並新招女生一班尤為不合，余主和平了結。又接見郭警備司令及甘師長。午後偕纘蘅郊外散步。余在此實在無聊，亟想回家。

## 3月16日　星期一

上午九時省府紀念週，余領導行禮，王財廳長報告財政近情。接見雲南代表陳養初，據云龍志舟希望滇黔綏靖主任。午後接見桂代表王哲漁。晚五時劉總指揮建緒約晚餐，有顧墨三、劉鐵夫等在座。晚七時卅分到第二路軍週年紀念遊藝會參觀。

## 3月17日　星期二

上午九時，省府常務會議通過例案數件。與韓委員德勤談川、康、黔政治安定之方法。午後偕昆田看正在建築中易場壩之飛機場，徵數縣民工，異常辛苦。余實憫焉，但為軍事計，又不得不如此耳。遊覽圖雲關等處林場。晚間與牟委員貢三談，貴州在外同鄉有不滿吾人在黔政治設施，余自問責任與良心毫無所虧，一切自有公論，毀譽在所不計也。有人向我言黔人畏威不懷德，此言真不虛也，余在黔政治主張以安定社會、減輕人民負擔為唯一之目的，人還不諒，有何說焉。

## 3 月 18 日　星期三

接見雲南代表陳養初，談雲南內部情形。接見修文縣長張嗣才。纕蘅、元龍本來感情極佳，此次在黔因受人利用，彼此不歡。今日元龍特別向余表示對纕蘅無絲毫意見，願和好如初，余聞之甚為歡慰。

## 3 月 19 日　星期四

光庚此次任貴定縣長，頗受人指責，只得令其自行辭職。伊受余領導有年，初任縣長，未能得有結果，固由伊自取，亦由余領導無方也。接見桂代表王哲漁。晚間與元龍、纕蘅閒談，隨談及伊二人各有所長，如各以所長補各所短，正如佛家所云，有禪有淨土，猶如帶角虎。

## 3 月 20 日　星期五

上午九時省府常務會議。劉抱誠由滬回筑，當將光庚此次受社會物議詳細說明，囑轉告光庚即日辭職。

## 3 月 21 日　星期六

接見行政督察專員王慶芳（號仲雲），貴州盤縣人，軍官第一期畢業，與其暢談雲南軍事、政治情形，因彼久住昆明，知之甚詳也。據王云，滇政治非常腐敗，總有自行瓦解之一日，且省主席龍雲毫無知識，更難挽救也。接見師長吳建平及劍河縣長李舜■。■■研究歷代行政■■■■。■言黔■太大，非縮小不可也。

## 3月22日　星期日

　　午後訪顧墨三，談蕭、賀股匪近情，該匪由威甯竄宣威，又有東竄盤江之勢。據俘匪云，仍有竄歸湖南老巢之意。偕墨三看易場壩飛機場，工程浩大，回綏署即在墨三處晚飯。

## 3月23日　星期一

　　上午九時省府紀念週，由繆薌報告最近國際情形。接見憲兵第三團三營營長姚應龍（號雅禮），黃埔第四期。接見鹽務稅警副課長劉建德。接見持志學院學生王百吉。偕小魯、昆田到城外計劃補植柳樹，並到和紹孔墓山看梅花。

## 3月24日　星期二

　　上午九時省府常會通過例案數件，又通過光庾准辭貴定縣長，以王盈繼任，又任命聶芝華思南縣長。接見新調平舟縣長黎純一。接見省黨部設計委員陳惕廬，暢談黨政情形。偕顧墨三、韓楚箴、夏靈炳步行遊覽水口寺及南門外甲秀樓。

## 3月25日　星期三

　　接見黔湘鐵路籌備主任兼總工程師侯家源（號甦生），蘇州人，美國留學生。接黔湘鐵路第三測勘隊隊長林則彬（號兼之），福州人。接見行營別動隊總隊長康澤（號兆民），四川人，此人黃浦軍官第一期畢業，居現在黃浦重心地位。本日為廢曆三月三日，貴陽人士

俗稱是日真武祖師誕辰。本市信男善女相率離城，至東
郊外數里地打魚寨之祖師觀遊覽，萬人空巷，踵趾相
接，情形至為熱烈。余與顧墨三、夏斗寅、韓楚箴等亦
于下午二時許前往遊覽，順遊仙人洞，由水口寺回城。

## 3 月 26 日　星期四

接見第六十師師長陳沛（號度侯），廣東茂名人，
該師新由遵義開到貴陽駐防。接見鐵道部技正袁夢鴻，
廣東人。接見黔西縣長林雁峯等。警備司令郭恩演來辭
行，擬出發安順，防蕭、賀股匪由滇邊東竄。午後六時
設席，招待侯家源、康兆民、林則彬、袁夢鴻等，由各
廳長作陪。

## 3 月 27 日　星期五

接見台拱縣長等。午前九時省政常務會議通過例案
多起。午後六時顧墨三約晚飯，有劉建緒、康澤、萬耀
煌等在坐。牟貢三來云友人孫鴻伊（號伯蘭）病故，
此人于護國護法之役頗有功績，擬連絡何雪竹等向政府
請卹。

## 3 月 28 日　星期六

接見貴陽日報社社長余鯤（號華龕）。接見思南縣長
聶芝華（號友蘭），鎮遠人，精明強幹。午後讀歷史，
深覺各代之失敗，皆因內部腐化有以致之。國書接家
書，伊母陰曆二月二日得病，三日去世，伊非常悲痛，
余心亦難過。伊父母接婚後一個月，伊父逢柱即外出至

鎮江余之營中任司書，未一年忽患時症，病故南京。國
書自已成年，伊母將享幸福，胡天不佑乃爾。

## 3月29日　星期日

接見第廿五軍長萬耀煌（號武樵），湖北人，又見
該軍參謀長馮嶷（號歧山），湖北人。正午十二時在省
府設席招待本城紳商唐醒吾、袁幹丞等卅餘人，因時屆
新春，彼此聯歡也。

## 3月30日　星期一

上午九時省府紀念週，由葉教廳長報告教育現狀，
十時回拜萬耀煌。午後三時本省各機關、各法團在省府
開談話會，決定購飛機一架贈獻蔣委員長，慶祝五十壽
辰。並議組航空分會，推定起草委員。又接見遵義專員
劉千俊。

## 3月31日　星期二

上午九時省府常務會議通過成立鎮遠、織金第一、
第二兩高法分院，又通過設立貴陽市政籌備處，以何朝
宗為處長。緣川黔、桂黔、湘黔三公路已通，滇黔公路
不久亦可完成，且湘黔鐵路現正勘測，不日施工。貴陽
為西南交通樞紐，戶口日有增加，實有設市之必要也。
午後六時在省府設席招待雲南代表陳養初、革命日報社
長余華龕及萬軍長耀煌等。蕭、賀股匪由滇向東回竄，
佔據盤縣城。該匪行踪不定，我進剿部隊約有十四、五
師，疲于奔命，此追彼竄，大有望塵莫及之勢。

## 4月1日　星期三

接見秦盤九，此人與季文有關係，此次來黔擬任縣長，因無位置，擬即日先回桂林原籍，俟有機會再來。特送川資百元，並託昆田招待。午後見客。午後三時偕昆田城外散步，余近數月腰時痛，腿無力，衰象已見，可嘆。晚九時諶湛溪（建廳長）由遵義回，報告黔北公路情形。

## 4月2日　星期四

上午會客。午後偕顧墨三、韓楚珍、夏靈炳遊覽觀音洞，適該寺集男女居士數十人舉行念佛會。該寺住持四川人，係軍人出身。午後五時，省黨部設席招待本省軍政各領袖，余親自出席，至七時盡歡而散。

## 4月3日　星期五

上午九時省府常務會議，擬至四月底撤銷駐桂代表辦事處。午十二時四川駐黔代表傅春初在四川會館宏雅樓設席招待余與纕蘅等，並代表劉主席（湘）誠意表示好感。惟四川黨、政、軍內部複雜，頗有不安之象。蕭、賀殘匪竄盤縣後，我軍分路進擊，匪無法東竄，一日後向西竄雲南之馬龍、沾益等處，因此雲南告急，黔邊各部向西急追。

## 4月4日　星期六

本日兒童節，上午十時在省府大禮堂向兒童訓話。大意各小朋友如小樹苗，如種植得法，可成棟樑之用。

並希望各小朋注意幾點：一、要聽父兄、教師話；二、
努力讀書；三、要有信用。又贈信箋等記念品。劉總
指揮建緒由安順回，談剿蕭、賀股匪情形，伊擬回湘一
行。晚七時漆院長、葉廳長、馮處長設席請余及顧墨
三、夏斗寅、劉鐵夫、徐源泉等，徐任鄂湘川邊區剿匪
總司令，該部現調遵義一帶，徐特來省接洽一切。

## 4月5日　星期日

清晨徐源泉來談，徐（號克誠）湖北人，該部于民
國十七年在北平，由余點驗改編者。上午十時團坡飛機
場總檢閱貴陽市公民訓練，計到四千餘人，此為黔省初
次創辦，並演講公民訓練之意義。午後偕徐克誠、顧墨
三等遊覽麒麟洞及黔靈山，適本日清明節，該山做會，
善男信女以及僧尼到者甚多，非常熱鬧。晚七時在綏署
與顧墨三設席招待徐克誠等。

## 4月6日　星期一

午後偕墨三等遊覽巨城南五里之楊家花園，該園佔
地約百畝，正值桃李開放。復由該園山中小路步行數里
至職業學校，沿途百花爭豔，又逢天氣溫和，同遊者非
常歡樂。晚間劉鐵夫設席徐克誠等，約余作陪。

## 4月7日　星期二

蕭、賀殘匪西竄入滇，剿匪重心已移滇省。行營顧
主任墨三以剿軍事，亟待與雲南當局會商，特于今日乘
中航公司南京號巨型機赴滇。余特于上午八時到綏署與

墨三暢談，十一時偕墨三到飛機場，午十二時向西飛去，同行有行營韓廳長德勤、省府葉教廳元龍、馮保安處長劍飛等。今日飛機場風甚巨，余因昨夜睡眠不佳，忽受巨風，身體頗感不適，至夜間復發胃氣痛病。余三個月前在京已向介兄說明在黔效用已失，擬三月後即辭去主席，當囑代覓替人，特于今晨去電，請求進京面商替人，並報西南各省情形。接見閻崇階，修文縣人。

## 4 月 8 日　星期三

昨日受風寒，今日身體仍不適，故未能會客及辦公。樓上有風，特于昨晚移居樓下。近年來身體常有病痛，日見衰象矣。聞中央將發表龍雲為滇黔綏靖主任，而桂方早經要求桂黔綏靖，未能核准，如此西南必起糾紛，余實左右為難。

## 4 月 9 日　星期四

今日仍未辦公見客。陝北匪軍過黃河竄山西，情勢嚴重，中央派大軍增援，形勢稍緩，聞蔣將往巡視。檢查來往電稿，或留，或毀。

## 4 月 10 日　星期五

上午九時省政府常務會議通過例案多起，並通過市政籌備處組織章程。今日身體較佳，此次小病痊愈甚速，得力于阿司匹靈獨多。得郜子電，各方形勢已成拖的局面。

## 4月11日　星期六

　　見胡參事宗陳，伊因母病請假赴粵省親，將經過廣西，特屬其與白健生一晤，告其現在從內外觀測，西南須與中央合作乃可求出路。胡係白介紹，故與白說話較易接近。午後接見蔣師長在珍，談黔北剿事宜。此次正安之匪，係由蔣克復者。又與昆田談中國種族之歷史。

## 4月12日　星期日

　　接見湖南代表。接見九十三師甘師長。午後偕纕蘅、昆田、國書遊覽南岳山，該山係五山迴合，別有天地，又圖雲關苗圃遊覽，在山間散步。得京電，王亮儔代表胡展堂與京方接洽，無結果。得蔣復電，現入川視察，請暫緩入京等語，只得靜待耳。

## 4月13日　星期一

　　接見何師知重，伊夫人病故，伊新由河南防次回黔。接見省黨部書記長俞嘉庸，浙江人，日前由京抵黔，由黨委周得時介紹。午後六時在省府設席，招待蔣師長在珍、前教育廳李維白、前師長車鳴翼（號羽如），並約王哲漁、牟貢三及纕蘅等作陪。

## 4月14日　星期二

　　午後至綏署與劉主任研究本省再行分區清鄉事宜。本日省政常務會議，因案件不多，乃停開。

## 4 月 15 日　星期三

　　接見周詠康（號爽園），湖南人，此人曾在閩省粵軍總司部任秘書，此次來黔晤劉鐵夫，與余不見面十有餘年矣。接見董群甫，談黎平地方事宜。午後偕昆田野外散步。

## 4 月 16 日　星期四

　　整理圖書。蔣本日午後到重慶，明日赴成都，約余往晤，擬明日午後乘軍用機飛重慶轉成都。晚間整理行李，夜未能寢。

## 4 月 17 日　星期五

　　上午九時省府常會通過例案數件，即席向各委員報告入川，推纕蘅暫代主席。十一時許出發赴飛機場，劉鐵夫、曹纕蘅等親到機場送行，午後一時起飛。此次與昆田偕行，各乘城都派來之軍用戰鬥機一架，兩機聯翼而飛，揆其高度總在八千尺上下。午後三時許至重慶，蔣適在機場，余因飛行勞頓，遂留休息。而蔣與余略道寒喧後，即登機西飛城都。晚由顧墨三招待，宿范紹曾師長公館，亭園佈置之精緻誠所少見。晚間元龍、劍飛來談，伊二人係由昆明飛到此間者，將于日內飛返貴陽。

## 4 月 18 日　星期六

　　十時元龍、劍飛偕大公報記者杜協民來晤，杜意欲附余機飛蓉。十一時廿分蔣派來之老福特機已到渝，遂

赴墨三兄處話別，一時四十分起飛，昆田及杜記者隨
行。頃之，即離開山地而入廣大平原，由機上瞰其田野
全闢，村落整齊，即可證天富之國所傳非虛。三時到成
都，由行營招待住順河街陳鳴謙師長公館。方住定，唐
子敬、鄧錫侯等軍長來訪。晚七時謁蔣于軍分校，並同
餐暢敘一切，最要有兩點：一、團結西南一致對外；
二、黔主席即須擺脫，在替人未覓定前，先准假兩月。
蔣對第二點允考慮，返寓後又去一信，以明去志之堅。

### 4 月 19 日　星期日

　　上午回拜唐子晉、鄧錫侯、劉文輝、李其相各軍長
及劉主席甫丞、盧建設廳長作孚、鄧秘書長鳴階等。蔣
約午飯，並談話，大抵以余之去黔及西南問題為中心。
余對離黔陳述頗詳，蔣甚為感動，推其意向，似可允
余去矣。至午後二時餘始返寓。墨三午後四時由渝飛抵
蓉，亦下榻陳公館，晤談至喜。劉主席請晚餐，全省高
級軍政當局在陪。薛總指揮伯陵、吳軍長其偉、韓師長
漢英等來訪。晚七時顧主任墨三謁蔣，並託代達一一，
夜十一時返，云已准余兩月假期。無任欣快，不日將飛
秦轉蘇矣。緣蔣將發表滇龍之滇黔名義，余如不請假離
黔，則將來對西南說話更難矣。

### 4 月 20 日　星期一

　　上午七時黃美涵來訪。八時偕昆田出遊，先訪盧作
孚、劉航琛、薛伯陵，均未遇。遂出城謁武侯祠，屋宇
宏敞，松柏參天。昭烈陵在右後側，一代英雄，徒勞後

人憑弔處。繼遊南台寺，華西大學在焉，林園優美。車繞一週，續遊東門外效外公園，為唐才女薛濤枇杷門巷故址，內有薛濤井、望江樓諸勝。修竹叢叢，勁綠可愛，樹木大可數圍，在林下茗茶。午應劉文輝、孫震諸氏晏。午後偕昆田陵園沐浴，又在月賓樓小吃。飯後已近黃昏，遂至少城公園，遊人如鯽，男女雜沓。夜墨三來談甚久。

## 4 月 21 日　星期二

晨七時鄧秘書長鳴階來，面約晚飯，並云僅約劉省主席一人作陪。午應鄧錫侯宴，席設花會場姑姑筵主人黃宅，菜味極佳，真正四川風味。該黃主人年已七十餘矣，每日能書小楷一萬字，重要古籍皆曾抄遍。午後偕昆田遊草堂寺，杜公祠在焉，浣花溪亦在其側。繼遊二仙庵、青羊宮，均屬道教香火地，春季花會即以此為中心場所。繼遊文珠庵，為四川佛教重地，廟宇宏敞，規模偉大，適逢僧眾上課，秩序井然。五時許至鄧處，劉主席亦到暢談二小時。伊因省政推進事宜，託余向蔣進言。蔣約晚餐，並談西南事。余之主張當謀採納，又允余暫時請假離黔，決對西南作最後忠告，以期國家統一。

## 4 月 22 日　星期三

上午九時蔣委員長飛昆明，特赴機場送行。繼偕顧墨三、夏斗寅、韓楚珍、鄧錫侯、徐源泉、賀元靖等遊新都縣之桂湖及寶光寺。該寺有楠木古林，極偉觀。桂

湖有桂花數百株，為四川有名之名勝。六時偕墨三赴軍
官分校李主任明灝宴，本晚移住劉文輝宅。擬明日飛西
安遊覽，然後回京。

## 4月23日　星期四

　　晨六時至飛機場，韓楚珍、徐源泉、賀元靖、鄧鳴
階等均來送行，七時起飛，八時過劍閣。正指顧間，忽
雲霧四塞，天地不辨，幸該機設備完全，沿途以無線電
指揮之，得以飛行無阻。至十時許機至西安，始由雲表
漸漸下降。陝省府各廳長、委員及綏署代表等均來迎，
遂入城。街市寬敞，悠然念及周、秦、漢、唐時代之規
模。下榻中國旅行社所辦西京招待所。午飯後往訪陝西
各廳長，邵省主席往韓城未回。又往遊大、小雁塔，聞
大塔唐玄奘所建，小塔唐中宗時宮女所建。繼遊碑林，
石刻叢立，而以唐開成石經及大秦景教流行中國碑最有
價值。又遊西安孔廟，規模宏大，古木參天，氣象至
偉。晚七時訪西北總部參謀長晏甸樵。

## 4月24日　星期五

　　上午八時王翰存、周昆田驅車往遊西部各名勝。十
時過渭水至咸陽，十一時至漢茂陵，氣勢甚雄。念及好
大喜功之武帝，不禁為之黯然。其右側為李夫人墓，左
側為衛青、霍去病及霍光之墓，去病墓舍內立小學一，
有馬踏匈奴古蹟在焉。茂陵東約十餘里，為周文王、武
王陵。祠宇為清代所建，尚稱完善，內設周陵小學一。
武王陵在文王陵之後，登文王陵遠看則周公墓及成、康

陵與漢昭、元、平、哀陵。返經阿房宮舊址，不過僅餘
一斷壞之石人耳。午後二時返西安，在玉順樓用膳後，
訪客數人。晚應省府及綏署公宴。晚九時訪西北剿匪副
司令張學良氏。

## 4 月 25 日　星期六

上午八時仍偕王翰存、周崑田出城南，往遊宋家花
園，花木雜蒔，尚屬幽美。邵主席力子晨間返省，九時
赴省府訪談。余因在西安人事上之酬酢過繁，遂于十一
時赴臨潼縣，行十餘里，經滻橋及王維之輞川勝境，再
五里至灞橋，即古人送別處也。十二時至臨潼，住華清
池，即楊貴妃賜浴承恩之地。午後遊秦始皇陵，前對渭
水，後靠驪山。四時許入貴妃池沐浴，溫泉水滑，甚為
舒暢，休息數小時。夜二時至臨潼車站，趁火車東下。
此次在西安各當局特別招待，臨行邵力子、張漢卿親來
送行，尤感激。

## 4 月 26 日　星期日

一夢醒來，已到潼關。起視之，左臨大河，右傍高
山，潼關城建當其中，形勢極為險要。九時過函谷關，
即老子西去著道德經處也。下午四時至洛陽，地方富
庶，森林茂密，與西部大異。晚過偃師、鞏縣、開封、
鄭州，均在夢中過去。河南自鞏縣以西，甚多穴居之
民，此猶原始遺風歟。

## 4月27日　星期一

晨七時十分到徐州，住中國旅行社徐州招待所。略事休息，即偕崑田往遊華陀寺、掛劍台、戲馬台、雲龍山各處。雲龍山上有大佛寺，佛高數丈，僅半身，係就山石鑿成者，聞係曹丕時物。午十二時十一分乘滬平通車南下。晚八時四十五分抵浦口，叔仁偕道叔至車上略談。十二時車由南京東開回蘇。

## 4月28日　星期二

上午五時四十五分到蘇州。本日休息。顏芝卿來訪。

## 4月29日　星期三

偕子、亞威、影毫、叔怡、凌毅然、殷紹乘、陳鳴夏等來訪。黃建平來函，云白健生有電與張伯璇，託張與余接洽，促余赴滬。擬日內前往。

## 4月30日　星期四

乘上午十時卅車赴滬，住瀚洲飯店。午後與張伯璇、黃建平見面。蔣有電致白建生，囑派員與余接洽，白復電派伯璇。余向桂方表示，昨年任黔主席，消極在安定西南，積極在團結西南。而昨年五全大會未得結果，而今春南遊亦未得要領，如再念棧太無意義，故不得不辭職也。總之一年來安定確已做到，團結尚有待耳。在少祐家晚飯。

## 5 月 1 日　星期五

本日與張伯璇、李任仁、黃建平整日討論西南問題，擬謀根本團結。晚間張等在梅園酒家約晚飯，再赴新亞與李暢談。又電季文，忠告各方對伊不滿，要自慎重。

## 5 月 2 日　星期六

乘上午八時車回蘇，在蘇車站遇何亞農。又偉國來，云日內赴鎮江受軍事訓練。胡宗陳由桂來見，帶有白健生親筆函。據胡云白有與蔣見面之意，如此或可得到團結目的。段運愷由滬來訪，並談揖唐近況，均感愛莫能助。

## 5 月 3 日　星期日

蘇企六、吳少祐、何亞龍先後來訪，留蘇、吳等午飯。吳晚車回滬。

## 5 月 4 日　星期一

午後到蔣家。偉國擬日內到鎮江受軍事訓練。

## 5 月 5 日　星期二

叔仁由京來蘇，遂託赴滬晤黃建平等，問桂方意見。

## 5 月 6 日　星期三

叔仁由滬回蘇，據云桂方無具體意見，此次季文不欲與聞團結事宜。羅先生約余及蘇企六等午飯。胡宗陳

午後赴滬晤張伯璇，將近日與桂方往來函電轉函介兄。
余志在團結救國，個人毫無成見，即有人對余不滿，亦
只有聽之而已。張亞威帶譚聲丙來見。

## 5月7日　星期四

上午八時偕佶子訪何亞農，伊外出未晤，遂遊曾
園、朱園。接見汪新民君，前在皖民政廳任視察，後赴
英國留學，最近回國。

## 5月8日　星期五

偉國來辭行，擬赴京，然後赴鎮江受軍訓。午後緯
國友人朱仲平來謁，現在東吳讀書。

## 5月9日　星期六

清晨何亞農來談。胡宗陳由滬回，廣西仍無回話，
大約須待李德鄰回邕與白健生面商也。義相墨索里尼將
宣佈阿比西尼亞併入義國版圖。整理園中樹木，深覺有
趣，果能終老于此，余願足矣。

## 5月10日　星期日

韓楚箴來訪，伊現任黔省府委員，重慶行營辦公廳
長，人極穩妥，此次在黔幫忙甚多。伊家住蘇州，新由
重慶歸來省親，留其午飯，暢談一切。

## 5月11日　星期一

偕惟仁到常州路 25 號回看韓楚箴夫婦，並請韓夫

婦午飯，請偌子夫婦作陪。又叔仁今日上午回京。

## 5 月 12 日　星期二

上午讀關于蒙古、西藏書，今後擬研究邊省事宜。蔣來電約余進京，擬明日前往。午後到滬晤張伯璇等，即在張家晚飯。夜宿少祐家，告祐既無辦事機會，要安心耐守。

## 5 月 13 日　星期三

清晨八時車赴京。在車中閱報，驚悉胡漢民先生于昨晚七時四十五分在廣州患腦充血症逝世，享年五十有八。余與胡于辛亥革命在南京初次見面，二十餘年來彼此感情尚好，本年一月在港兩次談話，感情尤洽。忽聞去世，深為痛悼。午後二時到下關，叔仁、昆田、胡宗陳來接，住首都飯店。到中央醫院看張文白病。與叔仁、昆田遊覽後湖公園，南門外回回館晚飯。

## 5 月 14 日　星期四

上午九時在陵園孔宅晤蔣，對于團結西南問題主張暫取靜觀，候彼表示，再行談判。又談及彼此研究大學、中庸為做人做事之根本。又云黔省建設廳長頭腦不清，主張政委胡家詔接充，囑余照辦。隨到辦事處，具摺呈請行政院發表。趁午十二時卅分車回蘇州，並由京致函張伯璇等，請其到蘇面談一切。

## 5月15日　星期五

今日身體不適，飲食大減。晨七時訪佶子，談應付時局，總以奔走國家統一為唯一之原則。午後張叔怡來，擬保省府陶科長任縣長，允電繼衡遇機委任。胡宗陳來函，擬十六日船赴港轉粵晤白健生，因白為胡喪到粵。余致白親筆函，囑昆田送滬交胡帶往，並送胡旅費五百元正。

## 5月16日　星期六

昆田早車回蘇。冷禦來訪，留午飯，飯後回鎮江。余與冷清朝第九鎮舊同事，素有往來。午後整理園中樹木。

## 5月17日　星期日

清晨八時偕昆田、麗安及馴、申兩兒到安樂園看湘君墓。申兒將五歲，余攜申兒往弔乃係第一次。湘去已五年，光陰迅速，感慨良深。接見貴陽市政籌備處長何朝宗，伊因妻住蘇有病，特請暇來蘇。

## 5月18日　星期一

午後三時王葆齋姪女靜一女士與蔣炎之胞弟調生，在本城天來福禮堂舉行結婚，請余證婚，偕亞威同往。白健生約張伯璇明日赴粵。余于晚九時廿分車赴滬，車中遇葉楚滄、褚明誼及緯國等，葉、褚將赴粵弔胡展堂，緯國因戴季陶明日出洋，特來送行。余抵滬，下車隨到褚家，褚表演太極操，余亦欲學習。夜宿少祐

家中。

## 5 月 19 日　星期二

清晨訪戴季陶，並送行。上午十時訪黃建平，十一
時訪張伯璇，託伊向桂方作切實之忠告，即在張家午
飯。午後三時訪許汝為，並遇蕭紉秋等。許、蕭等今晚
赴粵弔胡，並談團結事。此次中央派赴廣州弔胡大員計
八人，除葉楚滄、許汝為外，尚有孫科、居正等。晚七
時在杏花樓約楊文球女士等晚晚。

## 5 月 20 日　星期三

上午八時車回蘇州，車中遇齊俊卿。又黔財廳長
王惜寸午車到蘇，來談特稅事宜，隨乘汽車赴嘉興轉
杭州。

## 5 月 21 日　星期四

上午九時半車，偕麗安、申叔、昆田赴吳錫遊覽，
住華盛頓飯店，隨汽車遊覽蠡園、梅園、惠山等處，元
頭渚午飯。該山巨石突出，形似黿頭，故名。登臨其
上，俯瞰潮流，波濤奔馳，奇石壁立，氣象萬千，可稱
勝境。老聚豐園晚飯。申叔夜間咳嗽約三小時之久。車
中遇緯國等赴鎮江。

## 5 月 22 日　星期五

本擬今晨往遊宜興縣善卷洞、庚桑洞，因天雨作
罷，隨趁九時車回蘇州。午後與佶子談何亞農事。韓楚

箴夫婦來訪，伊等今晚赴滬，不日回重慶行營。

## 5月23日　星期六

整理樹木。挽胡漢民對聯：論交垂三十年，每誦遺編知不匱；遘教才百餘日，祇留殘局弔孤枰。胡有不匱齋詩集。胡于下棋時，忽患腦充血。

## 5月24日　星期日

到凌毅然家、曾影毫家。又到蔣家，詢明王惜寸詳細之歷史。王係清末秀才，性情忠厚，辦事謹慎。

## 5月25日　星期一

曹纕蘅將赴重慶行營出席行政會議，改葉廳長元龍暫代省主席。曾小魯辭貴陽縣長照准，調省府統計室主任。張亞威大世兄華戡，留學德國八年，前日回國，亞威託余介紹至鐵道部做事，隨致函部長張公權、次長曾養甫。凌毅然清晨來談收租情形，佃主問題尚未解決。

## 5月26日　星期二

連日本家及故舊來請求幫助者甚多，而又多無能力。社會失業如此之多，前途實可憂。卓吾來蘇為合肥籌帳，余捐叁百元。又擬在吳店家鄉辦小學一處，緣家鄉不良習慣已久，藉辦小學轉移風氣，計開辦費約一千元，經常費五百元，統由余擔任。惟經常費先任三年，再看情形。

## 5 月 27 日　星期三

近日專待廣西團結回電,以便向蔣堅辭黔主席。致函鐵道部長張公權、次長曾養甫介紹裴益祥工作。午後到楊譜生家、梅佛菴家,並勉勵梅光庚赴日本讀書。

## 5 月 28 日　星期四

韓楚珍夫婦來訪,留午飯,韓擬日內回重慶行營。纕蘅來電,本日由貴陽赴重慶,出席行營會議。

## 5 月 29 日　星期五

韓楚箴來辭行,擬夜車赴京轉渝。得胡宗陳來電,西南自胡展堂去世、蕭佛成病危、鄒魯出洋,已失主持中心,統一之局可望促成。又李、白可以一人先與蔣見面,惟在見面之先,稍定辦法。已將此意轉蔣,並囑胡宗陳在粵稍待。偕佶子到烏鴉場,看亞威新園造屋。

## 5 月 30 日　星期六

整理樹木及房屋。

## 5 月 31 日　星期日

四川向傳義(號育仁)偕其新夫人來談,伊係與戴季陶有關係,于四川軍人頗有歷史,戴于臨出洋時,託余在蔣處為向進言。亞威約余及昆田、佶子午飯,全係家鄉風味。王財廳長惜寸午後來見,隨即回瀘,擬明由瀘飛渝回黔。又與王暢論財政,以浙江、江西、湖北等省為最困難之省分,以貴州現在為最佳。余力促辦廿五

年預算，應比安徽預算較低，比甘肅較高為標準。李德
鄰來電託余維持黔桂特貨交通，力促余回黔，俾桂省有
所屏障。余復電不得已而辭職，在未解職之前，當負責
任，以全終始。

## 6 月 1 日　星期一

清晨回看向育仁及其夫人，又看伍夫人。影毫來談湖田事，偕伊訪陳鳴夏，外出未遇。到闊家頭巷，看新園樹木，漸漸成林。華北自日本增兵後，謠言紛起，時局又當緊張。

## 6 月 2 日　星期二

終日天雨。兩廣謠言紛起，時局又覺不安。上海應夫人來，因伊二妹遷局蘇州。

## 6 月 3 日　星期三

吳少祐兄由滬來，云外國報載兩廣通電請求中央抗日，並有開進軍隊于邊境之說。王笠夫來函，囑余勿辭黔主席。復函略謂余既不能應付複雜之局面，惟有消極下野以自全云云。

## 6 月 4 日　星期四

近來所傳桂軍攻入湘省，又傳中央湘粵邊境增兵等等，皆屬捏造。西南當局加以否認，謂全屬毫無根據。同時中央亦加以否認，謂近數日來以團結全國，抵禦外侮，消滅赤匪，復興民族，此乃全國朝野所共見者。同盟社所傳最近湘粵邊境增兵之說完全無稽，自去年土匪竄西北各省後，中央即將南方部隊絡續調赴西北，澈底清剿云云。如此雙方申明，則此項謠言，不攻自破。

## 6月5日　星期五

清晨向育仁來談四川軍、政、黨過去之歷史，及現在內部之情形。

## 6月6日　星期六

蔣來電約余赴南京一敘，擬明日前往。午後六時四十分車赴滬，少祐到站迎接，即住伊家。九時半訪張伯璇，談伊此次赴粵觀察情形。據云各走極端，無結果而返，殊為可慮，如此乃為外人造機會。夜十二時回，就寢。

## 6月7日　星期日

六時起身，八時車赴京。車中遇段觀海，此人通英、法、德言語，留學美國，現在外交部任秘書，態度溫和。至蘇州時，叔仁、昆田上車一同赴京，午後二時到京，住挹江別墅。隨訪何部長敬之，談西南主張抗日通電。余力言現在國家環境，不致發生內戰，應持鎮靜，不可輕易開動軍隊，致生誤會。晚九時訪段運開。

## 6月8日　星期一

上午十時卅分晤蔣，談西南事，未得結果。個人事未提及，約定在京小住數日，再看情形。午後看張文伯病。又偕叔仁、昆田遊覽莫愁湖。又至江東門、上新河一帶遊覽，該二處原係清朝陸軍第九鎮工程營、輜重營駐在地。余當時九鎮司令部任事（余於清光緒卅四年後任九鎮二等參謀、正執法官等職），時常因公乘馬至該

營，回想卅年前之情況，大有滄海桑田之感也。晚七時在小樂意晚飯。

## 6月9日　星期二

上午九時偕昆田、叔仁乘汽車往蕪湖遊覽，十二時到蕪湖，即在一品軒酒館休息。女中校長倪世雄來談，即一同午飯。飯後到女中校看姪女驪叔，此女身體強健，態度溫和，與余初次見面，現在該校高中一年級，惟算術、英文成績較差。午後二時由蕪出發回京。路過采石磯遊覽，該處臨江，風景極佳，為清長江水師提督駐所，另有然犀亭、太白樓及李太白觀月落江之遺跡。六時到京。

## 6月10日　星期三

兩廣用抗日救國軍名義開軍隊入湘境，殊出料想所不及。時局已到危險時期，深為震駭，而余多年來和平與團結，終成泡影，尤為抱愧。午前接見居覺生，介紹黔人宋述樵、王克仁，談貴州國民大會選舉事。看張文伯病，即在張家午飯。午後五時卅分應蔣約談，對于西南和平商討，仍無具體辦法，不勝憂慮之至。午後八時訪馮煥章。十一時夜車回蘇州。昆田擬請假一星期，回合肥省親。與蔣談時局，頗有出入。

## 6月11日　星期四

晨五時到蘇州，七時與羅先生談話。曾影毫來談湖田事，並留午飯。午後凌毅然來談，時局如此嚴重，吾

人對于和平當作最後之努力。

## 6月12日　星期五

上午十時卅分車偕麗安、申叔赴滬，住瀚洲飯店，隨與張伯璇見面。致電南中當局，作最後和平呼號。

## 6月13日　星期六

上午九時訪齊俊卿，送洋叁百元。十一時再與張伯璇見面，研究和平途徑。南軍停止前進，形勢稍緩，或可不致發戰事。果爾，誠國家之幸，吾人當馨香禱祝也。晚七時張伯璇來談，南軍確已停止前進，非常欣慰。

## 6月14日　星期日

本日訪許汝為、張靜江等談時局和平事，總以不發生內戰為唯一目的。偕少祐等杏花樓午飯。李石曾來談政治制度問題，伊立主分制合作，不如此，國家決難安定云云。

## 6月15日　星期一

時局確略有轉機，至少目前不致衝突。又日前日同盟社傳廣州另有政治組織之說，此說如實現，則將成嚴重局面。此時正待李德鄰回電，以便疏解。覺林午飯。午後遊覽兆豐公園。今日天氣忽熱。

## 6 月 16 日　星期二

時局危機日減，非不得已，不致用兵。上午訪李石曾。訪孔庸之，伊現亦正在奔和平，余力請其負責辦理，余當贊助。余過去數年來奔走團結，不得要領，反使局面嚴重，自問非常抱愧。少祐約午飯。午後訪張伯璇，再暢談。白健生來電，主張一致對外，並詢余對時局之意見。

## 6 月 17 日　星期三

上午高季堂、蕭紉秋先後來談，又偕麗安、申叔到朱子謙家。午後四時車回蘇州，隨與偕子談現在之時局及和平之方法。

## 6 月 18 日　星期四

張亞威清晨來談，伊擬赴平一行。楊譜笙夫婦來訪。午後昆田由合肥回蘇。三先生回南京。

## 6 月 19 日　星期五

時局近又嚴重。居覺生夫婦及其寄養日本之女公子來蘇，在蔣家晚飯，余與馴叔前往作陪。

## 6 月 20 日　星期六

上午八時到鐵路飯店訪居覺生，伊乘九時半車回京，余親送車站。又遇蘇高法院長朱澍深（湖北人）、地方法院長盧益美（號濯清，盧江人）。訪黔紳任可澄，寓蘇州大井巷，現任黔通志館總裁。午後大雨，與

佶子暢談古今學說，即在伊家晚飯。段運愷來訪，留午
飯，飯後回京。

## 6月21日　星期日

裴益祥來見，曾由余介紹鐵道部工作，現充湘黔鐵
路籌備處科長兼總工程師。午後任可澄來訪，並談貴州
通志付印經費事宜，余允于列入廿五度預算。向育仁來
談謁蔣經過及四川軍政內部情形，伊仍擬在軍界服務。

## 6月22日　星期一

北平宋哲元、山東韓復渠通電政府及各院部，呼籲
和平。吳少祐由滬來，送李德鄰復電，仍主張一致對
外，當將該電轉蔣。少祐仍乘午後車回滬。解決時局問
題，大約在七月十日國民黨五屆二中全會商討。

## 6月23日　星期二

今日舊端午節，得與家人歡聚一堂，飲雄黃酒，非
常欣慰。顏芝卿、蔣青嶔來拜節，緣此二人年齡已老，
故不能去舊習慣耳。但各行其是，于社會亦無礙也。

## 6月24日　星期三

蔣復宋、韓呼籲和平電，主張息內戰，一切以二中
全會解決。凌毅然清晨來訪。胡宗陳晚八時到蘇來訪，
談西南時局，現正沉悶，變化如何，頗難預定。

## 6 月 25 日　星期四

張叔怡清晨來談經濟情形，如再發生內戰，危險更多。余離黔後，本以曹纕蘅代行主席，兼代省府秘書長，嗣因出席重慶行營專員會議，改由葉元龍兼代。現專員會議已畢，曹回黔，仍由曹代行主席，並由曹推葉兼代省府秘書長。如此內部更為團結，余心甚慰。

## 6 月 26 日　星期五

蔣委員長對記者發表談話，中央貫澈和平統一政策，希望各省循軌擁護中央。兩廣如服從，伊必推心置腹，一視同仁，決不追求既往，亦決不令其他各省軍隊越入粵桂云云。

## 6 月 27 日　星期六

蘇州因催租，渭涇塘農民與保安隊士衝突，發生慘劇。擊斃農民三名，受傷十名，隊士受傷五人，失蹤一人。如佃戶不繳租，地主不能繳國稅，皆因農村破產有以致之也。惟惡因已種，善果難收，此後如何申法紀，平民忿，皆在當局善後如何耳。

## 6 月 28 日　星期日

天氣忽熱，昨日最高溫度九十四。振宗此次來蘇受軍訓，本日來談受訓情形，留午飯。

## 6月29日　星期一

連日天氣忽雨、忽日、又悶熱，猶如時局之苦悶耳。

## 6月30日　星期二

甯、粤兩方現正從事文電上之宣傳，尚未至和平最後絕望之時期。特電黔省府同人，如萬一決裂，應沉著應付，一切為綏署及行營馬首是瞻。胡宗陳來蘇，報告最近時局，晚車回滬。韓楚箴夫人送韓來電，盼余作最後和平之奔走。張叔怡清晨來談。

## 7月1日　星期三

現在華北之韓、宋主張和平團結，西南之陳、李、白主張抗日救國，而中央當局主張整飭綱紀，各說各的理，各走急端。要在三方面主張之中覓一解決途逕，方可了事，否則衝突恐難免。

## 7月2日　星期四

今日天氣較涼，特理髮休息。

## 7月3日　星期五

清晨到偕子家，從常討論解決時局之辦法，仍不得具體方案。擬明日赴滬晤張伯璇、李石曾等，然後入京出席二中全會。

## 7月4日　星期六

張亞威昨夜由北平回蘇，特于上午七時偕偕子往談。據云表面雖安定，內容甚複雜。趁上午十時十時十五分車赴滬，仍住少祐家。午後二時訪張伯璇暢談時局，大有轉機，如再加以努力，尚可得到和平之目的。又張文伯現在上海醫院養病，偕伯璇往看，大約再有三星期可以痊愈。訪張靜江兄，告以時局有和平之希望，伊非常歡喜。晚八時訪李石曾。十一時就寢。

## 7月5日　星期日

趁上午八時車回蘇，隨與偕子、亞威研究和平之方法，沈兆麟現在北平讀書，暑暇回蘇，今日來見。王志

枚晚七時到蘇，即住余家過暑暇。

## 7月6日　星期一

趁上午十時車赴南京，昆田、申叔、麗安同行，午後二時到京，住惠龍飯店。四時半晤顧墨三，並遇俞樵峯。五時半見蔣，伊對粵即不滿，對桂尚可諒解，談約一小時之久。偕叔仁等小樂意晚飯。十時回寓就寢。

## 7月7日　星期二

上午再訪顧墨三，遇曾養甫，偕顧訪陳辭修。何敬之約晚飯，有邵力子、顧墨三、任可澄、余學忠等在坐。託顧墨三向蔣表示，對黔主席早經言辭，惟因兩廣事件發生，未便向蔣表示，如蔣認為何時是改組適當時間，請隨時通知，當上正式辭呈云云。

## 7月8日　星期三

上午到辦事處接見洪勳、王盛英。洪由聖約翰大學畢業後赴法國留學，係學政治經濟，昆山人，年三十三歲，由王志枚介紹來見，託余代覓政界工作。王係王揖堂介紹，託余向邵主席力子說，謀陝西縣長事宜。到建設委員會招待所晤吳稚暉，擬明日移住該所。在辦事處午飯。訪居覺生。又乘小舟遊後湖，申叔、麗安同行。

## 7月9日　星期四

今日係革命軍誓師十週年紀念，上午八時黨政軍各要人在飛機場舉行典禮，余往參加。到場軍隊八千餘

人，暑期軍訓學生隊約萬人，會場佈置嚴肅，可謂希有
之盛況，並舉行閱兵式。午後訪顧墨三，再研究兩廣局
勢，確有走入和平之路。晚七時半，蔣委員長在勵志社
開盛大宴會，到有黨政軍三百餘人，又助以音樂，皆大
歡喜。

## 7月10日　星期五

五時半到陵園總理墓參加二中全會開幕典禮，與會
中委一百六十五人。八時在中央黨部接開預備會議，推
定主席團。訪張伯璇、李任仁。兩廣自余漢謀通電擁護
中央，並來京出席全會，大局形勢更為和緩。約張晚
飯，伊夜車回滬。

## 7月11日　星期六

上午七時到中央黨部舉行二中全會首次會議，通過
各組審委員會名單，余在政治組。午後偕麗安、申叔、
昆田、叔仁遊覽陣亡將士公墓，規模宏大，並謁誌公
墓，遊覽紫霞洞。近日天氣熱極，將至百度。晚八時赴
交通部，應行政院各部長之公宴。九時到中央飯店訪何
雪竹，談故友孫伯蘭兄請卹事宜。

## 7月12日　星期日

二中全會因本日係星期日，未開大會。余上午七時
到中央黨部，出席政治組提案審查委員會。午十二時應
楊耿光、谷紀常、曹浩森、林蔚文、熊斌等公宴。午後
偕麗安、申叔、昆田、叔仁遊覽燕子磯及三台洞等處。

午後六時應馮煥章晏，在坐各省主席。七時應馬超俊、許汝為晏，有兩廣出席二中全會代表在坐。赴安樂酒店訪李任仁。

## 7月13日　星期一

上午八時舉行第二次大會，議決要案數件：（一）撤銷西南執行部、西南政務委員會；（二）組織國防委員會，以西南之陳、李、白等為委員；（三）主席團之提議任余漢謀為廣東綏靖主任，又李宗仁、白崇禧為廣西綏靖主任、副主任。如能照令實行，則大局轉危為安矣。

## 7月14日　星期二

上午九時舉行二中全會第三次大會，通過發大會宣言，隨即行閉會典禮。午應蔣內政部長等晏，商國民大會選舉經費事。午後五時應孔財政部長晏。晚七時應居司法院長等公晏。今日分訪老同志覃禮鳴、焦易堂、鄧孟碩、邵元冲、王用賓等數人。

## 7月15日　星期三

偕麗安、申叔、昆田趁上午八時車回蘇州，車中遇殷紹乘，約在鎮江遊覽。隨即下車，乘汽車遊覽金山、竹林寺、昭隱寺、甘露寺、伯先公園等處，大華飯店午飯。趁午後二時車，六時卅分到蘇州。聞西南當局宣稱中央執行委員會將在廣州舉行特別會議，並任命陳、李為抗日聯軍總、副司令，如此難免一戰矣。

## 7 月 16 日　星期四

余漢謀部向韶關、翁源推進，粵軍在英德、軍田一帶佈防，桂軍東下增防廣東，形勢異常嚴重。親筆函與蔣，推舉顧墨三繼任黔省府主席。與亞威、偌子談時局，此次中央西南之戰，亦可謂中央集權與地方分權之戰也。如中央勝，當行集權制，西南勝，當行分權制。

## 7 月 17 日　星期五

少祐上午到蘇，飯後回滬。接見上海銀行蘇州分行經理唐慶永（號季長），無錫人，美國留學生。報載廣東內部分裂，陳伯蘭以大勢已去，有下野赴港之說。果爾，有和平解決之希望，誠國家之幸也。

## 7 月 18 日　星期六

擬明日赴滬，看張文白兄病及訪陳光甫，陳新由歐美回滬。陳伯蘭確已通電下野。粵局底定之後，中國政治軍事已臻統一，此為多年來求之未達者，從此中央責任更增重大，尚望謹慎努力，以慰全國軍民。

## 7 月 19 日　星期日

趁上午十時十五車赴滬，仍住少祐家。隨訪張伯璇兄，以陳伯蘭既下野，甚盼德鄰、健生即日就職，保存國家實力，為將來禦侮之用。至上海療養院看張文伯病，現將全愈，伊擬明日赴廬山休養。晚間光甫來談歐美經濟情形，以美國最充實，英次之。

## 7月20日　星期一

清晨偕少祐、定章公園散步。午十二時在杏花樓請郭秉文午飯，午後四時與郭談歐美人擬投資中國辦理鐵路、礦山，緣郭新由歐美回國，伊現任國際貿易局長。李德鄰仍說抗日問題當與張伯璇共復一電，請中央決心抗日。請其就任綏靖主任之新職，則一切問題迎刃而解，並將此意電蔣。又張文伯乘江華輪赴九江轉牯嶺，特于晚九時親往送行。昆田十一時到滬，亦住少祐家。

## 7月21日　星期二

偕昆田趁上午八時車回蘇州。近日天氣乍晴乍雨，忽冷忽熱。

## 7月22日　星期三

與佛菴、影毫研究在東面另起樓房。

## 7月23日　星期四

蔣復電謂李德鄰尚有不信中央誠意，請他來京視察，面商後再定如何。當將此意電告德鄰。綜觀近日各方情形，局勢似可和平。

## 7月24日　星期五

李德鄰、白健生將通電服從中央，促進和平。俄國飛機，由莫斯科不停留飛至赤塔，計五十餘小時，行程一萬公里，誠屬驚世之舉。

## 7 月 25 日　星期六

南京及貴州皆來電云余將調審計部長，顧墨三繼黔主席。如此離開黔省，到中央服務，正合鄙懷。今日客訪、來電甚多，特與偣子商復。午後偕馴叔、申叔到蔣家。

## 7 月 26 日　星期日

中央今調李德鄰軍委會常務委員、白健生浙主席、黃季寬桂綏靖主任、李品仙副主任，究竟如何，余惟有馨香禱祝和平而已。向育仁來談四川情形。

## 7 月 27 日　星期一

報載李德鄰、白健生不就新命，並表示態度，促黃季寬返桂。如此桂局可和平解決，誠大局之幸也。沈兆麟由鄉來，伊二姐日前與其鄉人李某接婚，麗安對兆麟能使其入大學，對其妹今又出嫁，伊心中非常歡喜。

## 7 月 28 日　星期二

向伯翔清晨來訪，談甚久，伊前任黔省縣政人員訓練所主任，新由北平來蘇。報載廣西情勢突轉緊張，桂與中央軍源源向粵桂邊境集中，有發生戰事之可能。

## 7 月 29 日　星期三

看關于國際形勢雜誌。

## 7 月 30 日　星期四

蘇州明報載桂自治軍政府即將成立，如此難免一戰。余素主和平，惟有仰天長嘆。少祐送電收音機來蘇，晚車回滬。

## 7 月 31 日　星期五

看雜誌。到偌子家談天。

自民十七以來，和平統一救中國為余之一貫主張，奈事與願違，迄未實現。近一年中，余主持黔政，斡旋於南京、廣西之間，更費苦心。然東挾西倒，團結基難，最後不幸而有廣州六月二日之事變。嗣陳伯南下野，粵局漸定，桂方亦已定八月一日就二中全會議決綏靖正、副主任，和平統一，轉瞬告成。不意中央于廿五日忽調李德鄰軍委會常務委員、白健生浙江省主席之新任命，于是桂方又以抗命聞矣。以後趨勢，似非以兵戎相見，不足以求解決，瞻念民族前途，不寒而慄。余十年來之主張頓成虛夢，功虧一簣，不亦至可惜哉。

## 8月1日　星期六

凌毅然來訪。

## 8月2日　星期日

偕佶子在亞威家午飯。

## 8月3日　星期一

中央昨日命令准余辭貴州省政府主席職，以顧墨三繼任，不勝欣慰之至。

## 8月4日　星期二

上午九時到影毫家。

## 8月5日　星期三

光明甫兄由皖來蘇，住孫希文家，今晨來訪，留午飯，約佶子、亞威作陪。顧墨三來電，擬將黔教廳長葉元龍調重慶行營第二廳長，民廳長曹襄薇調省府秘書長，以韓委員德勤繼民廳長，財、建兩廳照舊不更換。余隨即復電表示同情。

## 8月6日　星期四

上午回拜光明甫，順訪孫希文。午後吳少祐偕其友人蔡君來訪，並留晚飯。叔仁來蘇。

## 8月7日　星期五

道叔來蘇報告鄉間情形，午飯後赴京轉蕪湖。

## 8月8日　星期六

　　凌毅然來訪，為伊友人萬君國民大會選舉事託余幫忙。又向育仁來談，為其親威王君慘案，託余向顧墨三說話。隨即致函顧君。

## 8月9日　星期日

　　國府昨日發表余為蒙藏委員會委員長，余甚樂從，電蔣道謝。午後到滬，晤張伯璇，仍擬對桂方作最後調人。據張云桂方態度強硬，現在無法言和，惟有看將來機會如何耳。

## 8月10日　星期一

　　上午八時車回蘇州。接見蒙藏委員會派來歡迎之代表科長楊象離君。

## 8月11日　星期二

　　接見顧墨三令弟顧希平，此人黃浦第一期畢業後法國留學，此次由墨三介紹，擬在蒙藏會工作。又向育仁等來談。晚間行政院秘書鄭道儒特由京來談蒙藏近情，因伊在政院管理蒙藏公文，情形甚為清楚，隨乘夜車回京。

## 8月12日　星期三

　　蔣于昨日由潯飛粵。

## 8 月 13 日　星期四

自發表蒙藏會事，謀事者紛紛，大有山陰道上之勢。

## 8 月 14 日　星期五

趁上午五時四十分車赴滬。偕段運愷訪段老先生，段留午飯。飯後訪吳光新、梁宏志等，訪章行嚴。訪張伯璇，談桂方事，尚有一線曙光之和平。趁夜十一時車回蘇州，一時到站。蔣由粵來電，促余先入京就職，擬明日前往。二時就寢，異常疲困。

## 8 月 15 日　星期六

偕昆田趁午後二時五拾分車赴京，七時到和平門下車，叔仁及蒙藏會楊科長象離來接，下榻建設委員招待所。吳稚暉先生現仍住此間，隨與晤面。又偕叔仁、昆田到小樂意晚飯，並與伊二人討論接收蒙藏會事宜。十時就寢。

## 8 月 16 日　星期日

上午九時訪蒙藏委員會副委員長趙丕廉，商就職日期，決定下星期二（即十八日）。上午八時先到會視事，訪鄭道儒等。午後趙來回拜，談蒙藏最近情形，接見會內蒙事處長楚明善君。

## 8 月 17 日　星期一

上午接見護送班禪大師入藏專使趙守玉，此人年雖五十有六，而身體強健，經歷甚深，熟習蒙古情形。接

見蒙藏會參事孔慶宗等四人，談國民大會蒙藏選舉事宜。午後偕昆田、叔仁陵園散步。

## 8月18日　星期二

上午八時到蒙藏會，先與各委員見面，即至大禮堂接見全體職員，隨訓話。略謂蒙古、西藏為國家之屏障，而又居國際形勢日趨嚴重之際，情形更為複雜。蒙藏委員會乃管理蒙藏政務機關，責任重鉅，望諸同仁一致努力。至本會同仁多係熟習蒙藏情形，絕不輕于更動，希各安心供職云云。接見來賓廿餘人。偋子午後由鎮江來京，陪同遊覽陵園，伊夜車回蘇州。

## 8月19日　星期三

上午八時到蒙藏會，接見來賓徐伯明等十餘人。午後拜訪軍政部長何敬之等。又上午開蒙藏選舉會議。

## 8月20日　星期四

上午拜訪在京本會各委員。午後少祐由滬來京，晚間與伊談話。白、冷、克、唐、孫、傅、潘各委員請晚飯，並與伊暢談邊事。

## 8月21日　星期五

上午訪吳仲言、許伯明等。上午九時開蒙藏會常務會議，討論例案多起。拜訪鐵道部長張公權。少祐午後回滬。到行政院秘書處接洽，晤鄭秘書道儒等。

## 8 月 22 日　星期六

上午考試院訪副院長鈕永建、秘書長許公武。十時開國民大會選舉事務會議，因關于蒙藏選舉，情形非常複雜。姚雨平、彭養光在靈谷寺，馬超俊、梁寒操在市府設席招待，特分別前往。國書由黔本日午後飛抵京。晚七時翁文灝秘書長在首都飯店，約余及護送班禪入藏專使趙守鈺等晚飯，順便研究西藏情形。高季堂來京，請余幫忙選舉事宜。

## 8 月 23 日　星期日

上午十時與趙守鈺談入藏一切辦法。接見委員李鳳崗（號明遠），兼北平辦事處長，研究國民大會外蒙古選舉事宜。午後回呂漢羣、姚雨平等。朱騮先（家驊）來談時局情形，留晚飯。又上午七時接見黔省新教育廳長張志韓，當將余治黔經過情形詳為說明。

## 8 月 24 日　星期一

上午七時出席蒙藏會記念週。九時偕段運愷到監察院訪全體監察委員，計四十餘人，內多舊日余在監院任委員之同事，一見之下，皆大歡喜。十二時在明湖春飯店為趙專使守鈺餞行，約在京全體蒙藏會委員作陪。午後二時新委黔省委何輯五來談。晚七時褚民誼、彭浩徐在交通部設席，招待余及林雲陔等。

## 8 月 25 日　星期二

上午拜客。接見西康代表及趙守鈺等。黔省新主席

顧墨三等昨日就職，特去電道賀。午後到陵園覓住宅。
六時赴焦易堂晏，席間有湖北老同志吳某與彭養光發生
衝突，可笑之至。七時赴王漱芳晏。全幼洲為選舉事託
余幫忙，隨致函皖劉主席。

## 8月26日　星期三

　　考試院秘書長許公武請午飯。成都昨日發生暴動，
商店被搗，軍警民眾互有傷亡。日人四名于混亂中亦遭
歐擊，聞有二人已經傷亡。當此中日兩國將有恢復舊交
之時，出此事件，誠大不幸也。晚間小魯、叔仁、昆
田、國書等來談，整理蒙藏會內部事宜。

## 8月27日　星期四

　　正午十二時在浣花酒店設席招待梁寒操、馬超俊、
王漱芳、褚民誼、彭浩緒、張志韓、何輯五等。張、何
明日赴黔履新，特為之送行。午後偕民誼等參觀國民大
會新建築中之工程。午後五時到民誼家學習太極操。

## 8月28日　星期五

　　上午八時接見西康土司代表。九時蒙藏會常務會
議，通過例案數件。趁午十二時二十分車回蘇，晚間與
偕子談話。

## 8月29日　星期六

　　上午七時車赴上海晤張伯璇，探詢西南究竟有無和
平之希望。據云機會已過，現入于嚴重時期，難免發生

戰事，聞之實深憂慮。趁午後四時廿分車回蘇州，晚間
與佶子、亞威在園中步月。

## 8 月 30 日　星期日

曾小魯夫婦由南京夜車來蘇，午後回京。

## 8 月 31 日　星期一

【缺】

## 9月1日　星期二

上午九時出席行政院第二七七次會議，此乃余參於中央政治首次出席之會議也。因蔣院長在粵，由孔副院長代主席開會，通過例案多件。午後到蒙藏會辦公，與蒙事處長談蒙古王公情形。又與叔仁等決定會內人事之補充。

## 9月2日　星期三

上午拜客。接見朱仲翔、余立銘數人。又接見卸任護送班禪大師專使誠允。接見蒙藏學校校長吳鑄人。訪陳果夫談邊務。又見湘黔鐵路工程師。敬叔由蕪湖來，擬日間赴北平入學，並帶來祖墳照片。閱之感慨良多。敬叔性質敏捷，惟覺輕浮，特加以教訓。

## 9月3日　星期四

回拜巫委員明遠，誠委員允。九時見段觀海、鄭道儒，段新由綏遠歸京，談及該方形勢，非常危急。午應教育部長王世杰晏，有新回國土耳其公使賀耀祖、新駐俄大使蔣廷黻等在坐。午後見段運愷談大選事。又張文伯由牯嶺回京，特往訪，談甚久。

## 9月4日　星期五

上午九蒙藏會常務會議。午十二時浣花酒店設席，請舊護送班禪大師專使誠允及新專使趙守鈺，約監察委員樂景濤、白瑞、巴文峻、段運愷等作陪，樂、白、巴三人均係內蒙人。午後與內政部次長張道藩暢談國民大

會選舉事宜，情形甚為複雜。

## 9月5日　星期六

　　接見莫斯武德數人。十時開選舉會議，討論外蒙古選舉事務。午後辦理會內公文函件。晚七時應巫委員明遠晏，談西藏與中央近廿年來經過及西藏風俗習慣。

## 9月6日　星期日

　　上午訪馮煥章，伊熟習蒙古情形，暢談甚久。現在蒙藏內容複雜外，蒙古早經獨立，而熱河久歸滿洲，察、綏甚為危急，新疆不奉中央命令。欲挽危機，須速謀內政統一，然後以充分武力與經濟方可應付也。最後改良政治。張文伯來談。因星期休息，午後特讀邊省地理。

## 9月7日　星期一

　　中央昨日發表李德鄰桂綏靖主任、白健生中央軍委會常務委員，此乃解決桂方第三次之命令。又經程松雲、居覺生、朱益之諸君之奔走，和平當可實現也。九時省府記念週。得滬電笠夫兄到滬，約余晤談。擬明日前往，當勸其安心養雞，自求生活。晚間與叔仁談做人做事之方法。

## 9月8日　星期二

　　上午九時出席行政院常務會議，通過中臘友好條約，及察境蒙政會德委員長所請以蘇尼特右旗為會址，

並建築經費五萬元等案數件。午後三時到下關接國府林
主席，伊由廬山避暑回京。本擬赴滬晤笠夫，因伊本日
上午趁輪赴港，不克久待，故余滬行亦作罷。

## 9月9日　星期三

上午見高惜冰、薛桂輪二名，均美國留學。高，奉
天人，曾任新疆建設廳長，薛前隨黃慕松到客新疆，二
人係由奚東曙介紹。又見其他來賓多人。午後見萬雨
岑，談二小時之久，告以做人做事之困難。七時應段茂
瀾、楊毓珣、徐象樞、張銳、羅君強、鄭道儒等之公
晏。

## 9月10日　星期四

上午、下午接見來賓多人，大概均係求工作者。研
究英人擬在西藏設無線電台之應付方法。

## 9月11日　星期五

上午接見朱慶瀾、韓楚珍、方畏如，韓新由貴陽回
來。接見孫委員繩武。行政院囑派孫赴甯夏視察爾拉
善、額濟納等旗，因日人在該處設特務機關，人心頗為
不定。趁午十二時半回蘇州。

## 9月12日　星期六

上午張亞威、韓楚珍來談。午後到蔣家。李宗仁等
通電，擬十六日就中央新委之廣西綏靖主任之新職。如
此化干戈為玉帛，得到國家之統一，余在公私方面實快

慰良深耳。

## 9 月 13 日　星期日

　　韓楚珍太夫人七十六大慶，特偕申叔、小魯親往
道賀。偕小魯午後三時回南京，車中遇陳靄士、周作
民等。

## 9 月 14 日　星期一

　　上午訪趙專使守鈺，親交入藏應付訓條。本晨記念
週，由余報告近日蒙藏情形，並勉各同事以互諒、互
讓、互助為團結辦事之精神。余老長官徐固卿先生昨晨
病故，年七十有六，特去電弔唁。

## 9 月 15 日　星期二

　　趙專使守鈺今晨八時飛西安，經蘭州、西甯至玉
樹，隨班禪大師入藏，余親到機場送行。九時出席行政
院會議，通過例案多起。後由張外交部長報告，今日午
後四時與日本大使開始談判中日交涉，情形甚為困難，
並請行政會議予以方針，因此延至午後一時後散會。偕
子、亞威由蘇州及鎮江來京，約在明湖春晚飯。又莫斯
武德約余五時晚晏，余到後即行。莫，新疆人，現任中
央執行委員。

## 9 月 16 日　星期三

　　老長官徐固卿先生十三日在滬病故，年七十六，今
午大殮，特派鄭科長子獻代致祭。徐曾任清朝第九鎮統

制及江北提督，辛亥革命任江浙聯軍總司令，攻克南京，現任國府委員。余在滿清，在其部下任營長及參謀、軍法等職，辛亥年任聯軍總執法官，與余感情尚佳，對余特別賞識，余甚感之。上午接見洪承五等數人。佶子夫人今日五十大慶，於午後七時特在明湖春設晏招待，由昆田、小魯、叔仁等作陪。

## 9月17日　星期四

偕佶子夫婦及亞威、叔仁湯山沐浴，即在靜江別墅便飯。接見參謀本部邊務組主任梨明。小魯在美利川約佶子夫婦晚飯，約余作陪。李德鄰、白健生既已就職，國家已告統一，特去電慶賀。

## 9月18日　星期五

清晨會四川建設廳長盧作孚，並由盧介紹魏文翰來見，魏係美留學生。九時蒙藏常務會議。午後訪劉光。又彭醇士新由粵回來見。約佶子夫婦在南門外馬祥興小吃，伊等擬明晨回蘇州。徐固老家屬推余及孫哲生等為治喪委員，擬後日在滬開會。

## 9月19日　星期六

上午接見段運愷、程壯等數人。下午接見何競武等數人。六時在趙副委員長宅設席，招待新疆南部回回艾沙等數人，並暢論漢回之關係。七時半赴邵元沖夫婦晏，有中央通信社社長蕭同茲、中央日報社社長陳滄波等在坐。趁十一時夜車赴滬，弔徐固卿先生喪。

## 9 月 20 日　星期日

上午七時到北站，國書來接。同到少祐家，約伊及趙君到福祿壽用早點。九時偕國書到中國殯儀館弔徐固老，又到吉益里慰問徐之家屬。余為徐治喪委員，午後四時開會，特派國書屆時出席。十時訪許汝為，十一時訪張伯璇，即在少祐家午飯。午後二時半見楊文球，因笠夫關係，特送伊節費五百元，又趙君二百元。趁午後四時廿分車回蘇州。

## 9 月 21 日　星期一

乘上午九時半車返南京，車中遇竺鳴濤。午後四時接見孫委員繩武，伊將于明日起程赴甯夏阿拉善旗宣慰。晚間與吳稚暉談革命之經過。

## 9 月 22 日　星期二

九時出席行政院常務會議，外交部長張部長報告與日本川越大使交涉情形。又加城都北海殺害日人案，中日關係非常惡化。午後見客。晚六時在段運愷宅設席招待鄭道儒等。接見西藏代表中央執行委員貢覺仲尼。接見安徽教育廳長楊廉。

## 9 月 23 日　星期三

接見麥斯武德、艾沙、前新疆財政廳長黃立中等，又見陶子新等。回看何競武，又訪姚味莘。午後研究西藏地理。

## 9月24日　星期四

衛立煌新由廣東回，特往晤，詢問該方情形。據云對桂確係和平解決，聞之欣慰。姚平雨太夫人壽日，特往慶賀。又回拜西藏代表貢覺仲尼、羅桑堅贊。午後孔部長茶會，有英國大使等。訪居院長覺生，伊亦新由粵回，談及團結告成，決無其他問題矣。晚七時與衛立煌在浣花設席，招待皖教廳長楊廉及皖人教界多人。

## 9月25日　星期五

趁正午十二時半車赴蘇。車中遇狄君武，暢談南京各部情形，甚為詳細。

## 9月26日　星期六

偕惟仁及蔣夫人及偉國等看譜笙病，伊患重風，現手腳已稍能移動。羅家午飯。午後少祐來，又何亞龍由北京回，談該方情形與日本情形非常詳細。留何、吳等晚飯，吳即回滬。

## 9月27日　星期日

乘上午九時車回南京，車中遇柏烈武等。偕小魯、昆田陵園散步。方叔、廷才今日由黔抵京，所有黔省府交代事宜，大致均已辦清。

## 9月28日　星期一

上午九時到國民政府補行余蒙藏委員委員長宣誓典禮，並有審計部長林雲陔、滇黔監察使任可澄、立法委

員葉夏聲、馮自由、艾沙、林庚白、監察委員童冠時等同時宣誓就職。國府主席主席，中央黨部派中委張繼監誓並訓詞。余答詞如下：蒙主席及中央監誓委員諄諄教訓，非常感激，自應敬謹接受，不過邊疆責任重大，忠信能力有限，以後敬請中央監視委員暨各長官不吝指導，俾免隕越。午後到蒙藏會辦公，並會客。

## 9 月 29 日　星期二

上午九時出席行政院會議。近日中日外交形勢嚴重，大有至最後關頭之勢。接見新疆舊土爾扈特東部落盟長札薩克和碩親王敏珠策旺多濟（號孟經），新疆烏蘇縣，此人年少，甚敏慧。

## 9 月 30 日　星期三

西康宣慰使諾那呼圖克圖（諾那年七十餘，紅教領袖）去年奉命入西康宣慰，不幸于五月十二日在甘孜圓寂。本晨八時在第一公園舉行追悼會，余代表國民政府主祭。午後訪周佛海等，談國民大會選舉事。今日係中秋節，余因事未克回家團聚，張文伯約至伊家晚飯，並賞月，暢談一切，彼此欣慰。十時回，就寢。

## 10月1日　星期四

青海代表等請午飯。晚六時在浣花設席招待敏珠策旺多濟及敏珠爾呼圖克圖等。又午前接見立法委員楊公達等。韓楚箴來談，伊明日赴重慶。

## 10月2日　星期五

八時到中央飯回拜韓楚箴，伊于是時乘機飛重慶，即至機場送行。九時蒙藏會常務會議，十二時設席招待少祐夫人，伊新由北平來。趁午後五時車回蘇州，少祐夫婦亦乘此次車返滬。車中遇同鄉周夢蘭，伊現任山東東海關監督。

## 10月3日　星期六

近日李德鄰、白健生、張任民來電，約余偕張伯璇赴桂一遊。特與偕子商議復電，擬稍緩前往。午後與影毫整理園中樹木。

## 10月4日　星期日

三先生昨夜乘車來蘇，清晨到蘇。余趁九時半車回京，車中遇張道藩夫婦。午後二時到和平門下車，昆田來接。同去看房屋，預備移眷來京。

## 10月5日　星期一

上午紀念週，由余報告國際情形，並勉告各職員公餘之暇為學術之修養。西藏代表阿旺桑丹、格敦恰典、圖丹桑結，由該辦事處意希博真女職員翻譯。又接見前

西藏代表現蒙藏會委員阿旺堅贊,該員英、藏文均佳,思想新穎,近在平娶妻還俗。又接見青海省政府秘書長譚克明(號時欽)。蔣委員長由贛于午後二時半飛抵京,余到機場迎接較遲,僅在汽車中匆晤也。

## 10 月 6 日　星期二

上午九時出席行政院會議。午後見客。近日李德鄰、白健生、張任民又來電約余赴桂一行。經復電稍緩,當將各電轉介公矣。

## 10 月 7 日　星期三

上午見客。午後六時訪張文伯。七時蔣院長約行政院各部會長官晚飯,余亦在約之列,並便談日本外交。蔣將于明日接見日本川越大使。

## 10 月 8 日　星期四

接見行政院秘書李宣倜(號釋堪),福州人。戴季陶由歐回國,擬粵飛京,特于午後親到機場歡迎,因天氣不佳,未能起飛。

## 10 月 9 日　星期五

上午接見新疆師長楊正中,又接安徽童子軍隊長徐康民等。章嘉呼圖克圖日內到京,特計劃歡迎。六時赴白雲梯等東蒙同鄉公晏。又赴西藏代表公晏。

## 10月10日　星期六

出席上午七時中央黨部、國民政府合併舉行之國慶
大會，在總理陵前開會，適值國家統一告成，全體非常
快慰。九時到中央體育場參觀全國童子軍大檢閱，同時
復有大隊飛機在上空表演技能，極為精彩，計有八十
餘架，為中國之創舉也。十一時到國府慶祝，同時國府
招待外賓茶會。午後到張文伯家，余與文伯、馮煥章三
人招待安徽童子軍計六百餘人，均係精神煥發，令人可
愛。章嘉明日可到京。

## 10月11日　星期日

上午到會籌備歡迎章嘉事宜。午後三時半章嘉到浦
口車站，余與各院部會代表等數百人至站歡迎。隨與章
同乘車至華僑招待所，章即下榻該所。黃振凡迭託張伯
璇約余到滬見面，伊將南行。余隨趁夜車赴滬，車中遇
汝為等。

## 10月12日　星期一

七時到滬，少祐、叔怡來迎。九時晤振凡，又同至
伯璇處。李、白等約余赴桂一行，余向振凡、伯璇表示
須有必要方可前往也。午後偕少祐夫婦遊公園。晚七時
在杏花樓請伯璇夫婦、少祐夫妻等便飯。趁夜十一時車
回京。國書亦由蘇州趁夜車回京。

## 10月13日　星期二

晨六時四十分和平門下車，九時出席行政院常會。

1936 年 10 月

晚七時在勵志社設席招待章嘉，約各院部會長官作陪，
計有七十餘人，頗為一時之盛。又林競在老寶興清真館
招待青海馬主席麟午飯，約余作陪。

## 10月14日　星期三

接見呂同崙等，該員生長新疆，祖籍安徽，少年有
為。午十二時戴季陶、葉楚滄在考試院招待章嘉，余作
陪。行政院各部長、秘書長及余等在交通部設晏招待新
任駐俄大使蔣廷黻等。

## 10月15日　星期四

上午見客。褚民誼約晚飯，並看黃山電影。

## 10月16日　星期五

上午八時半蒙藏會常務會議，通過蒙古聯合辦事處
改組，以何永修為主任。十時引章嘉晉見國府主席，並
敬哈達。十二時褚民誼招待章嘉，余作陪。午後五時司
法院居院長招待章嘉，七時軍會林主任、軍參院陳院
長、教育唐總監、參謀本部程總長、軍政部何部長連合
招待章嘉，均約余作陪。又八時行政院各部會長官在
外交部招待章嘉，余亦為主人之一。趁十一時夜車回
蘇州。

## 10月17日　星期六

清晨五時到蘇。訪佶子，同去訪何亞龍。

## 10月18日　星期日

陳英士先生夫人及其子惠夫由京來蘇，清晨來訪，留早飯。亞龍、亞威、影毫等先後來談。又與梅佛庵商議修理大門外道路，計石工及料一百二十元，但人行道邊、水泥材料尚在外。

## 10月19日　星期一

上午九時半車赴南京，車中遇緯國，伊將于日內赴德國學陸軍。又在車中見第卅六師師長宋希濂，卅餘歲，英俊有為，湖南人。午後二時到京，即到會辦公。接見新由甯夏回京孫委員繩武。

## 10月20日　星期二

上午九時出席行政院會議。午後訪金樹仁，前新疆省府主席，甘肅人。晚六時到張文伯家，適何敬之亦在坐，接談甚歡。蔣院長招待章嘉及青海馬主席麟、山東韓主席復渠。又老同志尤烈等晚餐，約余作陪。

## 10月21日　星期三

上午見客。午後計劃章嘉呼圖克圖赴九華山事，電皖主席劉鎮華招待並保護。

## 10月22日　星期四

章嘉呼圖克圖上午十時乘永健兵艦赴九華朝山，趙副委員長同行，隨從共三十餘人，余特親赴江干送行。又蔣院長午十二時半乘機飛西安，余到機場送行。午後

接見新疆土爾扈特部盟長敏珠策旺多濟。又晚七時青海
敏珠爾呼圖克圖在首都飯店設宴，招待余等。

## 10 月 23 日　星期五

　　許汝為明日五十生辰，過去政見彼此確有不同，然
為感情計，仍擬前往慶祝，故趁上午八時車赴滬。車中
遇居覺夫婦，亦到許家祝壽。惟仁亦由蘇上車赴滬，偕
同蔣太太赴天台山國慶寺念佛。晤張伯璇，談及桂事，
目前以白晤蔣為最重要之工作。晚八時到許汝為家暖
壽，所遇見者多係昔年在粵之舊同事。

## 10 月 24 日　星期六

　　晨七時半到許家祝壽，伊家均未起身，趁八時車回
蘇州。倍子、亞龍、亞威來談，留午飯。午後體操槓下
之沙土。三先生由滬來蘇。

## 10 月 25 日至 28 日　星期日至三
　　【缺】

## 10 月 29 日　星期四

　　接見來賓。各委員在青年會公請章嘉，余作陪。又
首都各界于上午九時行獻飛機為蔣祝壽命名典禮，頗為
一時盛，計飛機七架，余特親往參加典禮。晚八時偕張
文伯觀國立戲劇學校表演。

## 10月30日　星期五

　　上午九時開本會常務會議。十時陳光甫來訪，談至十一時，同至首都飯店。適何亞龍亦住首都，順便一談，並約何明湖春午飯，以馬鶴天等作陪。又綏境蒙政會副委員長、伊克昭盟副盟長郡王阿勒坦鄂齊爾于午後三時到京，此來為蔣祝壽與瞻仰國都，報告綏蒙近狀，于五時到蒙藏會見面，接談甚歡。晚九時出席何敬之、俞飛鵬、張文伯為蔣院長暖壽之茶會，並舉行跳舞。

## 10月31日　星期六

　　清晨接見麥慕堯，伊新由廣西來。據云廣西雖受中央統一，而財政十分困難，須與中央團結，方有出路耳。今日蔣院長五十大慶，上午九時到飛機場參加各界獻機祝壽典禮，計捐款已收到者六百多萬元，今日已到機之新機四十餘架，觀眾十多萬人，實為空前的盛舉。大會後于正午十二時在勵志社舉行總壽宴會。午後三時章嘉來辭行，並談蒙古寺廟管理事宜。伊擬明回太原，轉五台。

## 11月1日　星期日

章嘉大師上午九時乘歐亞巨型專機飛太原，余將親至機場送行。十時偕昆田、小魯至湯山沐浴。午後訪敏珠爾呼圖克圖，因伊日內回青海，特往送行。

## 11月2日　星期一

何部長敬之請午飯。午後接見西藏駐京代表阿汪桑丹及格敦恪典、圖丹桑結等，談中藏問題，余開誠相告，囑轉拉薩政府不可懷疑，速派重要葛布倫來京面商為要。又接見大金寺代表。晚七時在首都飯店歡宴阿王，並請各部院會長官作陪。散後又與阿王在中央飯店作長時間之談話，彼此皆歡。

## 11月3日　星期二

上午九時出席行政會議，適同鄉長者段祺瑞芝泉先生于昨晚八時四十分在滬逝世，各方聞訊甚為震悼，故本日行政會議同人均主張國葬下半旗。彭純士請午飯。佶子來京，同乘午後五時車回蘇，擬明日赴滬弔段。

## 11月4日　星期三

乘上午十時車赴滬，午後三時到段宅弔唁，並與運愷談段身後。訪張靜江先生。訪張嘯林君。訪楊文球君。晚宿少祐家。

## 11月5日　星期四

上午偕少祐夫婦出街購表。段芝老午後二時大殮，

特親往致祭。政府以段功在民國，于今日全國下半旗，
並舉行國葬。段辛亥率各軍贊助共和，及袁氏稱帝，力
維正義，嗣張勛復辟，誓師馬場，尤其對德參戰，此皆
功在國家，薄海同欽。趁午後四時車回蘇州。

## 11月6日　星期五

上午偕佶子訪亞龍。曾小魯來為纕蘅買地皮，隨即
回京。

## 11月7日　星期六

軍校張教育長文伯來蘇指揮軍事，組司令部于獅子
嶺，于晚間七時偕載季陶之世兄安國來訪。特留晚飯，
約佶子作陪。

## 11月8日　星期日

午前整理樹木。午後三時車回京，車中遇林部長雲
陔父子。晚間與小魯、昆田談蒙藏會內人事問題及一切
辦事之方法。

## 11月9日　星期一

上午八時出席蒙藏會記念週。午後接見來賓。訪青
海省政府秘書長譚克敏（號時嶔），貴州平越人，談本
年青海王公展覲事宜。

## 11月10日　星期二

上午九時至行政院出席會議。午後見客。馬鶴天委

員約晚飯。又接見阿王，伊日前往遊西湖、上海，今日
回京。午後七時在浣花設席招待前新疆主席金樹仁、現
師長楊正中、青海省府秘書長譚克敏，譚將回青海，特
為送行。

## 11 月 11 日　星期三

上午十時陪阿王謁國府林主席。十一時到中央黨部
訪葉楚滄，遇見陳立夫等。晚六時考試院設宴招待阿
王，余作陪。

## 11 月 12 日　星期四

今日先總理誕日，九時全體中央執監委員前往靈前
舉行記念。順訪劉主席鎮華，伊近患神精病，夜不能
寐。偕叔仁、昆田遊牛首山，馬祥興便飯，午後仍偕伊
二人湯山沐浴。晚六時蒙藏會全體委員夫婦在浣花設席
歡迎阿王夫婦，余作陪。王揖唐由津南下弔段，本日到
京，晚九時與余見面，並談及華北情形。

## 11 月 13 日　星期五

上午九時出席蒙藏會常務會議。偕昆田看孫希文。
阿王中央飯店設席招待各部院長官，余亦列席。伊擬明
回綏遠伊克昭盟。趁夜車回蘇州。

## 11 月 14 日　星期六

清晨五時到蘇。整理樹木。到獅子嶺訪張文伯兄，
遇鄧文儀君，鄧係黃浦第一期生，駐俄大使館武官。

## 11月15日 星期日

凌毅然來談，並送吳江本年租稻款八百餘元，又偕凌到曾家遊園。整理樹木。

## 11月16日 星期一

趁上午九時卅分車赴京，車中遇李協和等。午後二時半到和平門下車，隨至蒙藏會辦公。晚間麥慕堯來談。

## 11月17日 星期二

上午九時出席行政院會議。近日匪偽軍進攻綏遠，我方前敵將士冒寒應戰，敵死亡枕藉。黃子蔭生子滿月，請余晚餐，余因伊係不得意之流，故往應酬。行政院秘書孫希文來談阿拉善、額濟納二旗日人特務機關，政府決定日間促其撤銷，否則武力涉干。

## 11月15日 星期三

上午接見何輯五等來賓多人。午後又見黔省保安處參謀長謝沛生。綏東匪偽軍聞即將舉行總攻擊，山西將領抱定抗敵決心，全國繼起捐款勞綏軍。蔣委員長昨日飛抵太原。

## 11月19日 星期四

讀蒙古遊記。午後偕叔仁後湖散步。昆田等寓所晚飯。

## 11 月 20 日　星期五

上午九時蒙藏會常務會議，馬鶴天委員本日飛蘭
州，轉玉樹。趁午十二時半車回蘇州。

## 11 月 21 日　星期六

上午九時到羅家。匪偽軍攻紅格爾圖，損失過半，
綏遠軍已迫近商都。集百靈廟主力匪軍，準備攻綏北。

## 11 月 22 日　星期日

楊超勝夫婦來訪，此人與余雖係少年同學，但不相
往來已將廿年矣。既已來蘇，特託王靖侯兄招待遊覽，
以盡地主之誼。惟仁午後回蘇，伊此次赴天台山敬香，
往返一月，身體甚好。

## 11 月 23 日　星期一

趁午後三時車赴京，偌子亦乘此車赴鎮江，並在車
中遇馬占山、熊斌、楊毓恂、朱昇甫等。七時和平門
下車，昆田、小魯來接，隨到建委會招待所與伊近日
公事。

## 11 月 24 日　星期二

上午九時出席行政院會議，通過以馮治安為河北省
主席及其他要案多件。午後到蒙藏會辦公。本年十二月
二十日蒙古各王公展覲，因綏遠、甯夏均在剿匪，青海
王公因途中不安，決擬緩至明年再舉行。

## 11月25日　星期三

上午接見新疆回教麥斯武德、艾沙等，又見前黑龍江抗日總司令馬占山。晉綏軍攻克百靈廟要地。日德兩國簽定反共協定，交換情報，決定共同措置，並邀請各國加入此項協定，以五年期限。英國輿論大為不佳，法國對此深用疑慮，美國保持中立態度。

## 11月26日　星期四

上午本會白、克二委員介紹加卜寺軍政府交通處長關成義來見，伊表示德王擁護中央之意。當告以果能明白表示，一切問題自易解決，並旅費五百元，囑其即日北返，一面電蔣報告。德王現任蒙古軍總司令，攻綏遠之主腳也。李石曾夜車回滬，送伊上車，因同住招待所也。

## 11月27日　星期五

上午到蒙藏會見客，並與唐委員柯三談北平回教學校增加經費事宜。趁午十二時廿分車回蘇州，過無錫，適亞威上車，亦同回蘇。

## 11月28日　星期六

清晨到侉子家。整理樹木，種東南面方亭馬英花樹一株。午後五時張文伯在獅子林約晚飯，並便談現在國內政治、軍事等現況，至十時歸。

## 11 月 29 日　星期日

　　我外部發言人談不容第三者侵犯主權，萬一發生非法侵犯干涉，必竭全力防衛。至匪軍犯綏遠，不問其背景如何，自應予痛剿。如此中國對日態度，更明白矣。意日協定成立，承認偽滿，此項協定將益增歐洲及亞洲方面戰爭危機。午後四時許汝為之女公子錫潛與盧逢清君行接婚，請余證婚，在蘇城中山堂舉行。錫潛滬江大學畢業，逢清燕京大學畢業。又蕭紉秋、李子寬、鄧剛來訪，留晚飯。

## 11 月 30 日　星期一

　　趁上午九時半車赴京。午後二時半到京，隨即至會辦公。接見前皖保安處長現任旅長蔡丙炎，及本會赴新疆調查組同人。

## 12月1日　星期二

上午九時出席行政院會議，通過浙江省主席黃紹雄調湖北省主席，所遺之缺以朱家驊接任。又通過陳誠軍政部常務次長。午後接見西藏熱振代表隆圖嘉錯及外交部秘書段夢蘭，伊新由綏遠視察返京，報告該方戰事甚詳。晚間與麥慕堯談話。

## 12月2日　星期三

清晨回拜廣西綏靖公署駐京辦事處主任徐文明。接見孫懷遠等。晚六時在浣花設席招待西藏熱振代表隆圖嘉錯及大金寺代表等，並約貢覺仲尼、阿旺堅贊等作陪。八時至居覺生家，與蕭紉秋談天，三人盡歡而散。

## 12月3日　星期四

鄭道儒來談阿、額兩旗事。晚間與叔仁、國書整理舊日文電。

## 12月4日　星期五

上午九時蒙藏會常務會議，通過例案多起。又本會藏事處長羅桑堅贊調本會參事，所遺藏事處缺以參事孔慶宗調任。緣羅接近班禪，而拉薩方面非常反對，數年來礙於班禪情面，無法更動，以致該處等于虛設。為調整班禪及整個中藏問題及本會內部整頓與威信之關係，不得不決心調換也。乘午十二時半車回蘇州。

## 12月5日　星期六

上午與佶子、亞威談話。因段芝老開弔，趁午十二時四十分赴滬。少祐兄弟二人來接，即往伊家。午後三時半到上海銀行訪陳光甫，談本國及國際情形，計二小時之久，均關于經濟的話。晚八時訪張伯璇，談桂系應早定擁護中央方法，彼此嘆惜而已。

## 12月6日　星期日

上午十時至段宅弔芝泉先生，適黃膺白（郛）于上午九時半病故滬寓，隨即親往弔唁。黃，杭縣人，歷任政府要職，社會對之毀譽各半，對余素來客氣，余甚感焉。與光甫同在少祐午飯，又談二小時之久，彼此皆歡。偕少祐夫婦等加利飯店晚飯。趁夜十一時車回京。

## 12月7日　星期一

上午七時至和平門下車，八時到會出席紀念週。接見冷、唐二委員。午後見客。六時訪居覺生，說光甫銀行與人起。晚間見本會孫委員，擬請其赴阿拉善、額濟納兩旗宣慰。

## 12月8日　星期二

上午八時段芝泉先生靈櫬過京北上，安葬西山，余特親往下關車站路祭。九時出席行政院會議。軍官學校教育處長徐權（號興少）母親在宣城縣病故，請余點主，特于午後三時，偕小魯乘江南鐵路前往。至晚十一

時到宣城，住湯志先家。晚間接見紳商代表及駐軍第六十師陳培、教導總隊長桂永清。

## 12月9日　星期三

上午十時到徐府點主，徐母享壽七十餘，有子七人，現存五人，伊本宣城人，伊夫湖南。十一時半由宣城乘汽車赴蕪湖，午後一時十五分到蕪火車站，隨即乘車回京，午後四時餘到中華門車站，隨到會辦公。

## 12月10日　星期四

上午接見廣東綏靖公署駐京辦事處長鄧剛（號君毅）、廣西綏靖公署駐京辦事處長徐文明。午後接見西藏代表，談中藏問題。接見本會委員孫繩武，談往阿拉善、額濟納宣慰事宜。接見本會委員克興額，談運用內蒙王公事宜。中日交涉之關鍵，在日本改變政策，日本朝野嚴詞責政府之失當，恐將引起內政鬥爭。

## 12月11日　星期五

上午接見白、克諸委員，談內蒙事宜。馮煥章請午飯，有孫哲生、周道玉、李協和諸君在坐。乘五後五時車回蘇州，車中遇周作民等。

## 12月12日　星期六

上午亞威來談，擬請其任阿拉善專員。午後黔委周銘久來訪。劉軍長波鳴約晚餐，有宋、王等師長在坐。頃得張文白兄通知，轉據何部長電報，今晨西安兵變，

介兄行止不明，聞之實深憂慮。

## 12 月 13 日　星期日

西安昨日上午起電報不通，嗣據報張學良率部在臨潼附近施行脅迫，同時發出通電，主張推翻政府，電中並明言對蔣委員長作最後諫諍，暫留西安。中央各領袖深夜開緊急會議，國府明令褫張學良職。國家統一未久，而又發生重大事變，誠大不幸也。趁上午九時卅分車赴京，車中遇吳稚暉、王世杰等。晚間與陳果夫、張文白談時局。

## 12 月 14 日　星期一

蔣委員長在陝安全，全省一致擁護中央。上午八時出席蒙藏會紀念週，九時出席中央黨部紀念週，居覺生主席，全場空氣緊張。居演講張學良喪心病狂，以怨報德，破壞統一，應興師討伐，並希全國上下鎮靜應付等語。張伯璇到京，隨往訪，約午飯，並請其去電促廣西趁速通電擁護中央。蔣夫人怡誠因蔣事異常憂慮，特偕惟仁同京，住在王家。特往晤，即在王家晚飯。晚間赴首都飯店晤少祐、伯璇，又與戴季陶同電緯國，囑在柏林安心讀書。

## 12 月 15 日　星期二

上午九時出席行政院會議，通過改組浙江省政府，並以現在時局嚴重，行政責任甚大，孔代院長與部會長商定，每日午後三時在伊公館接談一次。黃建平、陳劭

光由粵回滬，不知何故，為上海當局拘捕，解送來京。
李德鄰、白健生來電說話，當與何部長敬之說定，轉飭
主管立時釋放。伊等偕伯璇夜車回滬，特往送行，並安
慰。居覺生請怡誠、惟仁午飯，戴季陶請晚飯，余均親
往，並與談西藏問題及班禪入藏應用之方法。偌子午車
到京，乘午後五時車回蘇，叔仁赴滬晤光甫。

## 12月16日　星期三

　　蔣委員長顧問美國人端納十四日由洛陽飛西安，
十五日原機飛回洛陽。急電京中，略云于西安城中曾數
次謁蔣委員長及張學良，蔣眠食如常，精神甚佳，餘被
留西安之錢大鈞、陳調元、衛立煌、蔣鼎文、陳誠、蔣
作賓、邵元冲等分居各處，未及晤面云云。京中聽知蔣
等安全之消息，極為欣慰，又聞錢、邵二人受流彈傷，
在醫治中。午後三時至孔代行政院長家開談話會。五時
訪顧墨三，伊新由重慶回京，將赴前方指揮軍事。六時
在浣花招待黔省來京受訓之縣長數人。晚間訪戴季陶。

## 12月17日　星期四

　　慰問邵元冲夫人、衛立煌夫人，緣邵、衛等同拘留
西安。昨日中央政治會議通過，對西安之變下令討伐，
並派何應欽為討逆總司令。為黨國立場，不得不如此；
為救蔣之決心，亦不得不如此；為團結內部，亦不得不
如此。怡誠、惟仁午車回蘇州。張靜江回京，余特由建
設委員會移住大光新村昆田處，將建委會房讓張居住。
到張文伯家晚飯。訪張靜江，並遇果夫，談援蔣之方

法。桂方代表麥慕堯、徐文明來談。中央擬派余赴桂，
當答以如有辦法，自當亦往。

## 12 月 18 日　星期五

九時出席中央黨部談話會。午後七時張文伯約晚
飯，有黃琪翔、張發奎、熊天翼等在坐。蔣總指揮鼎文
亦係被拘禁西安將領之一員，今日抵京，攜有蔣致何敬
之親筆函，內有日內回京，務于禮拜六以前停止飛機轟
炸等語。

## 12 月 19 日　星期六

截至本晚止，蔣仍無離陝消息，顯係張學良欲圖緩
兵之計。討逆總部已急電前方照常進行軍事，開始飛機
轟炸，于院長右任到潼關發告西北軍民書。此次西安之
變，死難諸人今日已能證明者，為中央委員邵元冲、蔣
委員長禁衛主任蔣孝先、待從秘書蕭洒華及衛士姓名未
明之數十人，聞之異常驚悼。余與邵、蔣感情甚佳，尤
為悲痛，隨往邵家慰問邵夫人。午後五時偕本會委員
孫繩武訪顧墨三，因墨三將往西北督師，孫亦將往該方
宣慰。

## 12 月 20 日　星期日

偕劉石庵廳長及昆田、叔仁到中央公園弔王軍長治
平，又同遊後湖公園，屈園午飯。飯後偕叔仁、昆田湯
山沐浴。

## 12月21日　星期一

上午八時出席蒙藏會紀念週，九時出中央黨部紀念週。午後訪季陶，大談佛學及邊疆情形。

## 12月22日　星期二

上午九時出席行政院會議。宋子文昨日由西安回京，云蔣委員長身體安全，今日又偕蔣宋美齡及日前回京之蔣鼎文再飛西安，如此蔣大有出險回京之希望，倘三五日無結果，形勢必趨嚴重。張文伯約晚飯，飯後訪戴季陶，又訪何敬之，並遇孔庸之、顧墨三等。伊等主張余赴桂一行，當答以要中央有辦法，及正式令派，余當往一行也。

## 12月23日　星期三

上午見客。靜待西安消息。晚間桂駐京辦事處主任徐文明來談。

## 12月24日　星期四

上午李協和來訪。午後會粵建長劉維熾、立法委員彭醇士。張靜江回滬，余移住建委會招待所。訪葉楚滄，並遇朱家驊。

## 12月25日　星期五

上午九時出席蒙藏會常務會議，接見來賓。乘十二時廿分車回蘇州，七時到家。聞蔣委員長偕夫人宋美齡女士等，于下午三時分乘波音機一架、軍用機四架由西

安起飛，下午五時五十分安抵洛陽。得此喜訊，歡忭欲狂，此次蔣在陝蒙難，全國人民無不深切系念，可為民族復興之試金石。經此事變，國家組織益見堅固，人民意志益見集中，前途實有無限希望也。蔣將於明日回京，余即趁一時夜車回京，以便歡迎。

## 12 月 26 日　星期六

本日午十二時二十分由洛陽乘飛機抵京，民眾熱烈歡迎，萬人空巷，誠所謂薄海同欽，億兆謳歌，余亦參與此會，誠無上歡慰與榮幸。蔣發表離陝前向張、楊等訓話，謂爾等既已明瞭余之意志，對余亦無何要求，且知悔悟，想中央當能寬大處置。又張學良亦于午後二時偕宋子文由洛飛抵京，表示來京待罪之意，即函呈蔣委員長，承認生性魯莽，致有不敬事件，自請處以應得之罪，以振紀綱云云。早知今日，何必當初，未免太兒戲耳。

## 12 月 27 日　星期日

中央黨部、國民政府，暨五院各部，于昨日上午八時在中央部大禮堂合併舉行慶祝蔣委員長回京大會。余出席此會，參加者千餘人，由國府林主席致詞，勖勉同志擁護領袖，努力猛進。麗安偕申叔午後二時到京，住建委員會招待所，又偕伊等梁園晚飯。

## 12 月 28 日　星期一

八時出席蒙藏紀念週。九時出席中央黨部紀念週。

九時半晤蔣委員長，伊身體疲困，臥床未起。告我伊兄錫侯昨已病故，余隨加以安慰，並告我伊日內回奉化溪口，囑余轉告冶誠太太，以後勿往溪口。余即託叔仁午車赴蘇，報告冶誠。午後訪此次在西安蒙難，而同被留之重要將領錢大鈞、陳誠、衛立煌等，晚間中央黨部歡宴伊等，余往作陪。大家非常歡喜，並觀蔣委員長回京歡迎之影片及綏遠軍攻克百靈廟之戰片。

## 12月29日　星期二

上午九時到中央公園弔王治平軍長。十時接見衛立煌之參謀長郭寄嶠，此人係合肥同鄉，軍官第九期畢業，少年有為。午後三時出席行政院會議，通過段前執政國葬經費十萬元。中央黨部常務會議，對於蔣委員長為西安事變引咎自請處分，並請免去行政院長及軍事委員會委員長本兼各職，懇切慰留，又決議明年二月十五開三全中會。中央政治會議為張學良親來都門束身請罪，決議交軍事委員會依法辦理，所有討逆軍事應即停止，討逆總部並應撤銷。

## 12月30日　星期三

蔣委員長再辭職，中央一致慰留，國府指令給假一月，藉資調攝。國府于上午十一時舉行授勳禮，受勳人為余及孫科、于右任、居正、葉楚滄、許崇智、吳鼎昌、王世杰等廿四人，余係二等采玉勳章。國府林主席授勳後，勉繼續為國努力，余以為國服務愧乏功績，授予勳典，實不勝惶悚之至。偕麗安、叔仁、申叔等到老

萬全晚飯。

## 12 月 31 日　星期四

上午回看王東成、李思廣。接見同鄉葉守乾，新由美國留學回國。又接見同鄉龔理明（號運陽），軍官第八期畢業，現任綏署參謀長。午後在陳雪軒家開段前執政芝泉先生國葬典禮委員會成立會，由余主席，出席委員計有葉楚滄、楊杰、賀耀組、陳調元、姚琮、吳克新，尚有委員張羣、李恩浩、秦德純、魏宗漢等未及出席。晚六時在浣花為彭勘布送行，查彭係西藏派赴五台山念佛，有十四年之久，日內將返西藏。

過去一年間，我國金融之穩定、統一之完成、一般建設之進步、前方將士守土抗敵之英勇、後方民眾物質輸將之踴躍，處處露著復興民族曙光。而西安事變於短期以內撥雲霧而睹天日，尤證實了民眾偉大的力量。

民國日記 42

# 吳忠信日記（1934-1936）
The Diaries of Wu Chung-hsin, 1934-1936

原　　著　吳忠信
主　　編　王文隆
總 編 輯　陳新林、呂芳上
執行編輯　李佳若
封面設計　陳新林
排　　版　溫心忻

出　版　　開源書局出版有限公司

香港金鐘夏愨道 18 號海富中心
1 座 26 樓 06 室
TEL：+852-35860995

民國歷史文化學社 有限公司

10646 台北市大安區羅斯福路三段
37 號 7 樓之 1
TEL：+886-2-2369-6912
FAX：+886-2-2369-6990

http://www.rchcs.com.tw

初版一刷　2020 年 8 月 31 日
定　　價　新台幣 350 元
　　　　　港　幣　90 元
　　　　　美　元　13 元
I S B N　978-986-99448-0-9
印　　刷　長達印刷有限公司
　　　　　台北市西園路二段 50 巷 4 弄 21 號
　　　　　TEL：+886-2-2304-0488

國家圖書館出版品預行編目 (CIP) 資料

吳忠信日記 (1934-1936) = The diaries of Wu
Chung-hsin, 1934-1936 / 吳忠信原著 . -- 初
版 . -- 臺北市 : 民國歷史文化學社 , 2020.08

　　面；　公分 . -- ( 民國日記 ; 42)

ISBN 978-986-99448-0-9( 平裝 )

1. 吳忠信　2. 傳記

782.887　　　109012507